Der Autor und Herausgeber der „Schriftenreihe Globale Intelligenz" –
bisher erschienen: Die Trilogie „Terror sapiens I-III", der Band „Das Ende des Wahnsinns" und die Handbuchsammlung „Revolution" – ebenso
Autor der Lehrwerke DSH-Ticket (I-II), Walter Krahe, Jahrgang 1956, hat
30 Jahre lang Studenten aus zahlreichen Kulturen in „Deutsch als Fremd-
sprache" (DaF) unterrichtet. Davon war er 24 Jahre an der Philosophisch-
Theologischen Hochschule SVD in Sankt Augustin tätig, 14 Jahre davon
als Fachbereichsleiter (DaF) und als Prüfungsvorsitzender der Deutschen
Sprachprüfung für den Hochschulzugang (DSH bzw. PNDS).
Seine langjährigen persönlichen Erfahrungen mit Menschen aus allen
Teilen der Welt machten ihn zum Kenner kulturell ganz unterschiedlicher
bzw. widersprüchlicher Sichtweisen in Bezug auf verschiedene Lebensbereiche: von ganz banalen Alltagsfragen bis hin zur Weltpolitik. Viele dieser kulturell bedingten Standpunkte taten sich ihm im Laufe der Zeit als
komplementäre, sich ergänzende Standpunkte auf, sozusagen als „Yin und
Yang" menschlicher Lebensbewältigung, entstanden durch die erfolgreiche Anpassung der Menschen an die unterschiedlichsten Lebensumstände
rund um den Globus. Diese Vielfalt menschlicher Lebensgewohnheiten
entpuppte sich zunehmend als Reichtum der Menschheit. Daher ist es das
Gebot der Stunde, dass Menschen voneinander lernen. „Wenn man Wissen teilt, wird es nicht weniger, sondern mehr." Voneinander Lernen wurde für Walter Krahe zum roten Faden in den vielen Begegnungen mit
Menschen aus aller Welt. Unterschiede und Gemeinsamkeiten konfron-
tierten und inspirierten gleichermaßen. Sie befeuerten den freundlichen
und konstruktiven Umgang miteinander. Das Verständnis für Vielsichtigkeit, Globale Intelligenz und Kooperation entstand und wurde durch den
intensiven Austausch zunehmend vertieft. In der Schriftenreihe Globale
Intelligenz finden diese Erkenntnisse ihren adäquaten Ausdruck.

Dieser Band ist all denjenigen gewidmet,
die die Egoismus-Brille abnehmen
und sich dafür einsetzen,
dass möglichst viele
es ihnen gleichtun.
Der Dank gilt allen,
die in dieser Zeit den Mut haben,
sich für eine sinnvollere Wirtschaftordnung
mit all ihren Mitteln und Möglichkeiten einzusetzen.
Es ist die Revolution der Einsichtigen und der Besonnenen.

Walter Krahe

Handbuch
Soziale Revolution
Die vielsichtige Gesellschaft

 tredition®

www.globale-intelligenz.science
www.gloint.de

© 2019 Walter Krahe

Grafik: Walter Krahe
kl. Bild auf Cover: https://www.istockphoto.com/de, ID 895646222
Grafik-Digitalisierung und Website: Felix Reither (Hohenleimbach)
Lektorat: Gabriele Bruns (Bonn)

Verlag: tredition GmbH, Hamburg

ISBN
Paperback   978-3-7469-7906-9
Hardcover   978-3-7469-7907-6
e-Book   978-3-7469-7908-3

Inhaltsverzeichnis

• Kapitel 1-3 identisch in allen 4 Handbüchern

Kapitel   Seite

01 Die Handbuchsammlung „Revolutionen"   9
Eine aktuelle Vision 10 / Die Inhalte 10 / Handbuch kognitive Revolution – Der vielsichtige Mensch 11 / Handbuch Soziale Revolution – Die vielsichtige Gesellschaft 12 / Handbuch Humanitäre Revolution – Die Globale Intelligenz 12 / Handbuch Ultimative Revolution – Die Menschensonne 13

02 Dringender Handlungsbedarf   14
Letzter Weckruf: Mensch wach auf! 14 / Revolutionen im 21. Jahrhundert 20 / Das „Brillen-Dilemma" 23

03 Veränderungen – nötig und möglich wie nie zuvor!   29
Der Ausblick 32 / Der Kooperationseffekt 34 / Die Strategie der Bergsteiger 35 / Macht des Einzelnen – Macht der Gemeinschaft 38

04 Bisherige Erkenntnisse der Handbuchsammlung   50
Die Selbsterkenntnis 50 / Die Neigung der Menschen zur Einseitigkeit 51 / Die Gefährlichkeit geschlossener logischer Systeme 52

05 Die Prämisse: Der Homo oeconomicus   55

06 Die Kapitalistische Marktwirtschaft   58
Das Wohl 59 / Das System 59

07 Kapitalismus und Wohlstand   66

08 Kapitalismus und Gesundheit   69
Das Gesundheitssystem des Homo oeconomicus 69 / Implantate: Schindluder mit den Ersatzteilen 71 / Vernachlässigte Krankheiten 72 / Das Ende wirksamer Antibiotika? 73 / Krank ohne Ende 74

09 „Fürsorgliche Wirtschaft" statt eiskalter Egoismus   75

10 Kapitalismus und Natur   78

11 Kapitalismus und Klima   81
Naomi Klein: „This Changes Everything" 81 / Im Großen wie im Kleinen 83 / Die Soziale Revolution 90 / Fazit 91

12 Kapitalismus und Kirche   92
Der Kommunismus 92 / Die Befreiungstheologie 94 / Papst Franziskus 96 / Katholische Kirche und Kapitalismus heute 100

13 Sozialismus und Kommunismus   106

14   **Das Versagen des Systeme**   110

15   **Den Ausweg eröffnen**   115
Das 21. Jahrhundert 115 / Der mittlere Weg 115 / Dritte Wege 116 /
In Richtung Ausweg 117

16   **Die soziale Selbsterkenntnis**   119
Menschenaffen 119 / Mutter Teresa – Inbegriff der Selbstlosigkeit?
120 / Individualismus oder Kollektivismus? 122 / Die Spieltheorie
125 / Exkurs: Die Deutsche Straßenverkehrsordnung 126

17   **Die Kooperation**   127
Den Anfang machen 127 / Diverse wissenschaftliche Erkenntnisse
127 / Fazit: Die Erkenntnisse lassen keinen Zweifel zu! 132 / Das
„Wohl" und seine verschiedenen Begriffe 132 / Die zeitgemäße
Definition von Kooperation 133 / Rahmenbedingungen für gelin-
gende Kooperation 133

18   **Die Goldene Regel**   134

19   **Die Globale Kooperationsethik**   137

20   **Die Kooperationswirtschaft**   141
Die Grundlage: Der Kooperative Mensch (Definition) 141 / Die
Richtung 141 / Die Konsequenz 141 / Die Definition der Kooperati-
onswirtschaft 142 / Einige Eckpunkte der Kooperationswirtschaft
142 / Das Beispiel 143 / Die Absicherung 144 / Die Umsetzung 144
/ Exkurs: Die Gefahr durch Armut und Perspektivlosigkeit 145

21   **Anleitung zur sozialen Revolution**   146
„Steht auf und kämpft" 146 / Aus dem Vorgehen der Gelbwesten
lernen 147 / Unverzichtbare Prinzipien des Widerstands 149 / Die
notwendigen Schritte 151 / Ein letztes Wort 151

22   **Schriftenreihe Globale Intelligenz**   152
Übersicht 152 / Terror sapiens I 153 / Terror sapiens II 154 / Terror
sapiens III 155 / Das Ende des Wahnsinns 156

Die Handbuchsammlung „Revolutionen"

Obwohl der Wahnsinn in der Welt
an allen Ecken und Enden sichtbar ist,
beweisen bisher nur die Wenigsten den Mut,
die Haltung der Menschen tabulos zu hinterfragen
und auch Althergebrachtes auf den Prüfstand zu stellen.
Das Überleben auf diesem Planeten
bedarf aber zwingend jetzt einer klugen Vision
und die Besonnenheit und Mitwirkung eines jeden.
Menschen dürfen sich angesichts der vielen Probleme
nicht länger wie geblendetes Wild verhalten
und bewegungslos an der immer gleichen Stelle verharren!
Nur ungenutzte Hirne erkennen das nicht.
Sie schwimmen schon längst mit dem Strom.

Die Menschheit braucht nicht nur technisches Wissen, sondern auch ein tiefes gesellschaftliches und spirituelles Wissen, theoretisch und praktisch.

Kehrte der Mensch endlich einseitigen Sicht- und Vorgehensweisen den Rücken, nähme er unverzagt seine diversen Brillen ab, dann könnte er unschwer erkennen, dass rund um den Globus bereits alle notwendigen Kenntnisse vorhanden sind, die für ein fundiertes gesellschaftliches und spirituelles Wissen benötigt werden. Es ist schon längst überfällig, all diese verschiedenen Aspekte zu einem Ganzen klug zusammenzufügen.

Bei der Handbuchsammlung „Revolutionen" geht es in erster Linie um das notwendige gesellschaftliche Wissen und die daraus folgenden unverzichtbaren zeitnahen Veränderungen.

Das Thema „spirituelles Wissen" wird in diesem Kontext nur angedeutet. Eine ausführlichere Behandlung dieser Thematik gibt es im Band *„Terror sapiens III – Spirituelle Intelligenz"* und im gleichnamigen Kapitel von *„Das Ende des Wahnsinns – Globale Intelligenz statt Terror sapiens"*.

Eine aktuelle Vision

– ein potenziell wegweisendes globales „Narrativ" –

als „sinnstiftende Erzählung" für das 21. Jahrhundert,

als „Gegenerzählung zum Wahnsinn dieser Zeit,

in einer Handbuchsammlung – überschaubar, klar und griffig:

1. *„Handbuch Kognitive Revolution – Der vielsichtige Mensch"*

2. *„Handbuch Soziale Revolution – Die vielsichtige Gesellschaft"*

3. *„Handbuch Humanitäre Revolution – Die Globale Intelligenz"*

4. *„Handbuch Ultimative Revolution – Die Menschensonne"*

♦ **Wichtiger Hinweis: Für das genauere Verständnis der Inhalte ist das Einhalten der Reihenfolge der Handbücher fraglos sehr empfehlenswert, nicht aber zwingend.**

Allerdings sollten bei der erstmaligen Lektüre eines der Handbücher zu Beginn unbedingt die ersten drei Kapitel – *„Die Handbuchsammlung Revolutionen", „Dringender Handlungsbedarf", „Veränderungen – nötig und möglich wie nie zuvor"*, S. 9 bis S. 49 – gelesen werden. Deshalb gibt es diese Seiten identisch auch am Anfang eines jeden Handbuchs.

Die inhaltliche Übersicht über die einzelnen Handbücher im Anschluss an diesen Hinweis ist hilfreich beim direkten Einstieg in einen der späteren Bände. Aufgrund ihrer elementaren Bedeutung für die angestrebten Veränderungen, lassen sich die beiden darauffolgenden Kapitel durchaus auch mehr als einmal lesen. Dies kann der Verinnerlichung nur förderlich sein.

Die Inhalte

Die Trilogie *„Terror sapiens"* und der Band *„Das Ende des Wahnsinns"* enthalten umfassende fundierte Erörterungen zu den verschiedenen Aspekten von Vielsichtigkeit und globaler Intelligenz. Einen zusammenfassenden Überblick über die Inhalte dieser Bände gibt es im letzten Kapitel.

Als Ergänzung zu den bisherigen Schriften bieten die Handbücher einen komprimierten und damit schnell erfassbaren Überblick über zentrale Themenschwerpunkte – wie „Der vielsichtige Mensch", „Die vielsichtige Gesellschaft", „Die Globale Intelligenz" und „Die Menschensonne". Die punktuelle Darstellung der jeweils maßgeblichen Erkenntnisse wird durch kurze und bündige Zielvorgaben in Bezug auf die notwendigen Veränderungen vervollständigt. So liegen aussagekräftige Handreichungen für die „Kognitive Revolution", die „Soziale Revolution", die „Humanitäre Revolution" und die „Ultimative Revolution" vor.

Revolution wird in diesem Kontext nicht als gewaltsamer Umsturz verstanden, sondern als zeitnaher grundlegender Wandel. Mit ähnlicher Bedeutung sind z. B. Begriffe wie industrielle Revolution, sexuelle, grüne, wissenschaftliche und digitale Revolution bekannt.

In dem von John Lennon (1940-1980) komponierten Lied „Revolution" finden sich die Zeilen: „Ihr sagt ihr wollt eine Revolution, nun wisst ihr, wir alle wollen die Welt verändern. ... Befrei doch mal deinen eigenen Verstand." (songtexte.com)

Genau das ist der jeweils erste, alles entscheidende Schritt der in den Handbüchern beschriebenen verschiedenen Revolutionen.

Über diese Anregung hinaus stellen die vorliegenden Handreichungen Orientierungs- bzw. Kristallisationspunkte dar und geben Anstoß zu den inzwischen absolut alternativlosen Veränderungen. Sie eröffnen die Chance zur Synchronisierung der zahlreichen verschiedenen individuellen Bemühungen, so dass auf Dauer möglichst viele Menschen ihr Wissen und ihre Kompetenzen ganz gezielt zum insgesamt notwendigen globalen Prozess beitragen können.

1) Handbuch kognitive Revolution – Der vielsichtige Mensch

- Umfasst das Wahrnehmen, den Erkenntnisprozess und das Denken

Durch die tabulose und beherzte Überwindung des primitiven Entweder-oder-Denkens, durch das endgültige Abnehmen der völlig beschränkten „Einseitigkeits-Brille", eröffnet sich dem Menschen ein ungetrübter Blick auf die Vielfalt der Wirklichkeit, in der Unterschiede und Gegensätze sich alles andere als gegenseitig ausschließen. Im Gegenteil, sie erweisen sich als bereichernde, sich gegenseitig befruchtende Aspekte. Diese Horizonterweiterung dank kluger Vielsichtigkeit ist der Schlüssel für die Lösung der Probleme in der heutigen Zeit.

Also, v. d. Homo sapiens, willkommen vielsichtiger Mensch!

2) Handbuch Soziale Revolution – Die vielsichtige Gesellschaft

▪ Umfasst das menschliche Miteinander und das Gesellschaftssystem

Vielsichtigkeit ist das Fundament einer Gesellschaft, in der nicht länger Egoismus einseitig die Basis ist, sondern universale Kooperation, also die angemessene Berücksichtigung von Eigen-, Fremd- Gemein- und Universalwohl. Es ist jetzt an der Zeit, die verhängnisvolle „Egoismus-Brille" abzunehmen und sich als Mensch nicht egoistischer zu machen, als man es von seiner Natur her tatsächlich ist. Das Lebewesen Mensch ist schon immer ein Meister der Kooperation. So muss die fixe Idee des Homo oeconomicus schnellstmöglich wieder abgeschafft und durch das reale Bild des kooperierenden Menschen ersetzt werden. Gesellschaftliches Miteinander wird künftig durch die Globale Kooperations-Ethik und das System der Kooperations-Wirtschaft geprägt.

Also, v. d. Homo oeconomicus, willkommen kooperierender Mensch!

3) Handbuch Humanitäre Revolution – Die Globale Intelligenz

▪ Umfasst die Neuausrichtung der maßgeblichen Handlungsmaxime

Die Vielsichtigkeit von Mensch und Gesellschaft ermöglicht Globale Intelligenz in allen Lebensbereichen. Durch das Abnehmen der „Egozentrik-Brille", durch das Berücksichtigen möglichst vieler Perspektiven und das Abwägen möglichst vieler Faktoren in der jeweils konkreten Situation können künftig sinnvolle und angemessene Herangehensweisen im Zentrum von Denken und Handeln stehen – also z. B. Sinn, Qualität und Universalwohl – und nicht länger persönlich einfältige und egoistische Vorlieben. Globale Intelligenz vermag erstmals das äußerst komplexe Potenzial der Menschen im Lebensalltag wirkungsvoll zu nutzen. Der bis dato einseitig kluge Waffen- und Maschinenbauer kann somit quasi zum uneingeschränkt klugen Menschen werden.

Also, willkommen reifer Mensch!

4) Handbuch Ultimative Revolution – Die Menschensonne

- Umfasst die Optimierung des menschlichen Miteinanders

Um den vielfältigen Wahnsinn des Homo sapiens endgültig zu überwinden und in jedem Lebensbereich angemessene Lösungen zu realisieren, bedarf es der Bereitschaft möglichst vieler, ihr Wissen und ihr Können konstruktiv mit einzubringen. Wenn die Menschen ihren blinden, tierischen Selbstbehauptungstrieb und latenten Wettkampfmodus in Bezug auf sich und andere endgültig hinter sich lassen, wenn keiner mehr zwanghaft besser als der andere sein muss, wenn die eigene Identität und das eigene Selbstwertgefühl nicht länger genau davon abhängen, wenn also jeder uneigennützig sein Bestes geben kann, dann kann auch das Bestmögliche realisiert werden. Die „Wettkampf-Brille" muss abgenommen und durch die Erfahrung der Menschensonne ersetzt werden.

Also, willkommen segensreicher Mensch!

♦ **Dies alles sind Ziele, die aus spontaner, oberflächlicher Sicht für viele äußerst illusorisch und geradezu unerreichbar erscheinen.**

Allerdings entspricht diese Betrachtungsweise eher der beschränkten Sicht eines Einseitigkeits- und Egoismus-Junkies – der sich ein Leben ohne seine „gewohnten Drogen" ganz einfach nicht mehr vorzustellen vermag und infolgedessen beschwingten Schrittes auf den Abgrund zuläuft – als der Sicht eines freien und klugen Menschen. Dabei ist ein Leben in der unverzerrten Wirklichkeit selbstverständlich möglich und vor allem um ein Vielfaches ausgefüllter und erfolgreicher. Die Sicht eines Junkies vor seiner Entwöhnung hat nur sehr wenig mit dem realen Lebensgefühl danach zu tun. Das Bild des Junkies beschreibt die Problematik der oben beschriebenen notwendigen Veränderungen recht genau. Denn es geht – auch global gesehen – um einen ähnlich tief greifenden Richtungswechsel wie bei einer Entziehungskur. In beiden Fällen eröffnen sich am Ende bis dahin ungekannte Horizonte jenseits allen Zwangsverhaltens und damit auch jenseits allen Wahnsinns.

Im Lebensmittelpunkt stehen fortan Bewusstheit, Freiheit, Verantwortung und das Glück des Wissens um den Reichtum der ganzen Wirklichkeit.

Dringender Handlungsbedarf

Letzter Weckruf: Mensch wach auf!
Wir Menschen können sehr viel,
aber versagen im Wesentlichen.
Trunken vom technischen Erfolg,
als kluge Waffen- und Maschinenbauer,
als „Homo sapiens machinator" sozusagen,
überhören wir den Weckruf schon viel zu lange
trotz all des Wahnsinns um uns herum.
Falls wir jetzt aber weiterschlafen,
dann ruinieren wir endgültig
uns und unsere Lebensgrundlagen,
dann hat unsere Sucht nach Einseitigkeit
unser komplexes Potenzial für immer besiegt.
Daher müssen wir jetzt aufstehen
als vielsichtige und kluge Menschen.
Die Revolution der Menschlichkeit
findet jetzt oder niemals mehr statt.
Ungeachtet dessen weiterschlafen?
Nein, jetzt aufwachen und handeln!
Die Zeiten sind ein für alle Male vorbei,
in denen wir uns etwas vormachen dürfen.
Verstand und Wissen sind da,
wir müssen sie endlich nutzen
jenseits von Einseitigkeit und Egoismus.
Das ist übrigens der letzte Weckruf.
Überleben kennt keine Snooze-Funktion!

Man muss kein Pessimist sein, um den heutigen Zustand der Menschheit und der Welt als sehr besorgniserregend einzuschätzen.

Man muss kein Optimist sein, um dennoch an die Möglichkeit von Veränderungen zu glauben.

Man ist allerdings ein verantwortungsloser Träumer, wenn man auf Veränderungen hofft, ohne selber etwas verändern zu wollen.

Der notwendige Wandel beginnt im Denken und Handeln eines jedes Einzelnen. Nur so lässt sich der heutige Wahnsinn des Homo sapiens, der Terror sapiens, beenden und durch Vielsichtigkeit und Globale Intelligenz ersetzen.

> "Der Horizont vieler Menschen
>
> ist ein Kreis mit dem Radius Null
>
> und das nennen sie ihren Standpunkt."
>
> *(Albert Einstein)*

Genau in diesem Sinn darf es nicht mehr länger um den Krieg der verschiedenen Standpunkte, sondern muss es um die gemeinsame Bemühung gehen, den Horizont der gesamten Menschheit nachhaltig zu erweitern.

Damit aber wird das derzeit zentrale Problem der Menschen deutlich, das für die meisten Probleme an jeweils entscheidender Stelle verantwortlich ist: ihre Sicht- und Denkweise ist fast ausschließlich eine sehr einseitige und egozentrische, befeuert von schier grenzenlosem Egoismus. Nach dem immer noch vieles bestimmenden aristotelischen „Entweder-oder-Denken" werden Vielfalt und Komplexität quasi ausgeschlossen. Das gilt z. B. auch für die auf den aristotelischen Grundsätzen aufbauenden Wissenschaften, für das globale Wirtschaftssystem und für vieles mehr. Ein intelligenter Umgang mit Unterschieden und Gegensätzen – sehr wohl auch im Sinne einer größeren Genauigkeit, bis hin zur Eindeutigkeit – wird so konsequent verhindert. Die Folge ist der heute überall sichtbare Wahnsinn, der erst dann überwunden werden kann, wenn das Denken und die Logik der Menschen der Vielfalt der Wirklichkeit gerecht werden.

Der Mensch nennt sich selber Homo sapiens, einen vernunftbegabten, weisen Menschen. Das aber ist in Wirklichkeit nur der Ausdruck seiner unseligen und verheerenden Vermessenheit. Denn seine Klugheit umfasst lediglich die Entwicklung von Werkzeugen und Waffen, nicht aber die Kunst des Zusammenlebens. Man könnte ihn deshalb als „Homo sapiens machinator" bezeichnen, als „weisen Maschinenbauer" sozusagen.

Möchte der Mensch allerdings erfolgreich auf diesem Planeten weiterleben, dann muss er aufgrund der Dringlichkeit der anstehenden Veränderungen den nächsten notwendigen Schritt in seiner geistigen Entwicklung revolutionär und nicht evolutionär vollziehen und zum „Homo multividus" werden, zum „vielsichtigen Menschen", der sich der ganzen Wirklichkeit öffnet und möglichst viel beachtet, bedenkt und berücksichtigt.

Die massiven Probleme zu Beginn des 21. Jahrhunderts lassen sich auf der Grundlage von Vielsichtigkeit und Globaler Intelligenz, durch Überwindung von Egozentrik und Egoismus, durch Versöhnung von Eigen-, Fremd-, Gemein- und Universalwohl und durch Kooperation mit möglichst vielen im Sinne der Goldenen Regel nachhaltig lösen.

Globale Intelligenz

basiert auf Vielsichtigkeit

jenseits geistiger Selbstbeschränkung

und alles durchdringender Egozentrik.

Sie umfasst die kognitiven und soziokulturellen Fähigkeiten,

die Vielfalt der Wirklichkeit zu erkennen und anzuerkennen,

Unterschiede und Gegensätze

auch in nur einem einzigen Element zuzulassen

und mit den verschiedenen Aspekten

– der jeweiligen Situation angemessen –

sinnvoll und fruchtbar umzugehen

und im Denken und Handeln zu berücksichtigen

und dadurch Einseitigkeit und Starre zu überwinden.

In diesem Sinne sollten die Menschen dazu bereit sein, jeden Lebensbereich zugleich kritisch und konstruktiv, tabulos und respektvoll zu hinterfragen und dann entschlossen und besonnen zu handeln.

Zu Beginn des 21. Jahrhunderts besteht der unglaubliche Wahnsinn in der Welt *(s. „Das Ende des Wahnsinns")* nicht nur allein in den zahllosen katastrophalen Vorkommnissen und Zuständen, sondern darüber hinaus auch in dem weltweit grassierenden, äußerst verhängnisvollen Phänomen, dass immer mehr wahlberechtigte Bürger selbstherrlichen eingleisigen Welterklärern mit Hang zur Autokratie freiwillig zu Macht und Einfluss verhelfen und damit in Echtzeit dazu beitragen, eine zentrale Errungenschaft in der sozio-kulturellen Entwicklung der Menschheit wieder abzuschaffen: nämlich liberale Demokratien.

Einhergehend mit eingepeitschter Begeisterung wird diesen Menschen gnadenlos vorgegaukelt, dass sie ihre tiefe Sehnsucht nach Orientierung und Eindeutigkeit in den Zeiten von Fake-News und globalem Pluralismus durch Hinwendung zu völlig einseitigen Weltsichten stillen können. Einmal in solch einem geschlossenen logischen System gefangen, wird Sehnsucht zu Begeisterung und Begeisterung zu Besessenheit, wobei der gesunde Menschenverstand zunehmend auf der Strecke bleibt. Das Zeitalter der selbstverliebten Autokraten und verblendeten Bürger ist längst angebrochen. Immer häufiger lassen sich die schlimmsten narzisstischen Lügner von ihren rigoros manipulierten Anhängern zu uneingeschränkten Wahrheitsaposteln verklären. Hirn-vergessener geht es kaum, denn diese selbst erklärten Weltenretter sind das krasse Gegenteil von dem, was sie vorgeben: Sie sind nicht die Lösung, sondern sie bewirken die Verschlimmerung der Probleme, da deren Ursachen fast immer in einseitigen und ichbezogenen Vorgehensweisen der Menschen liegen.

Der US-Senator Bernie Sanders (8.9.1941), der im Rahmen der Vorwahlen zur Präsidentschaftswahl 2016 bei den Demokraten gegen Hillary Clinton unterlag, in einem aktuellen Artikel zu dieser weltweiten Problematik: *„Weltweit sind autoritäre Kräfte auf dem Vormarsch. Dagegen hilft nur eine progressive und internationale Bewegung, die von tief greifenden Visionen angetrieben ist. ... Die Menschheit steckt mitten in einem weltweiten Kampf mit enormen Konsequenzen. Auf dem Spiel steht nicht weniger als die Zukunft des Planeten – ökonomisch, sozial und ökologisch. Während eine enorme Vermögens- und Einkommensungleichheit herrscht – das reichste Prozent der Welt besitzt mehr als die restlichen 99 Prozent –, werden wir Zeugen des Aufstiegs einer neuen Achse des Autoritären."* („Gemeinsam über Grenzen hinweg", Bernie Sanders, Übersetzung: Carola Torti, freitag.de, 20.9.2018)

Die feindliche Haltung gegenüber demokratischen Normen, der freien Presse und gegenüber Minderheiten würde diese Regime verbinden. Sie alle teilten die Überzeugung, dass ihre Regierungen jeweils den egoistischen finanziellen Interessen ihrer eigenen politischen Anführer dienten. Sanders bezeichnet dieses Phänomen als kleptokratische Prozesse. Die Autoritären bildeten weltweit eine gemeinsame Front und seien eng mit einem Netzwerk von milliardenschweren Oligarchen verbunden, die die Welt als ihr ökonomisches Spielzeug betrachteten und viele Lebensbereiche – wie z. B. weite Teile der Medienwelt – beherrschten. Wolle man diesem Autoritarismus effektiv entgegentreten, müsse man bereit sein, ein neues Konzept für eine progressive Weltordnung zu erarbeiten und könne nicht auf die vormaligen Konzepte zurückgreifen, da diese gescheitert seien und zu den aktuellen Zuständen geführt hätten. Es reiche daher nicht, nur die jetzt bestehende Ordnung zu verteidigen, so Bernie Sanders.

Zu Beginn des 21. Jahrhunderts offenbart sich unübersehbar die gnadenlose Einseitigkeit und der Egoismus des Homo sapiens als Keim der meisten Katastrophen auf der Welt. Noch mehr Einseitigkeit und Egoismus durch Autokraten und deren Clans sind deshalb wie Öl im Feuer.

Solange aber der starken Sehnsucht vieler Menschen nach Orientierung und Eindeutigkeit stets nur mit Einseitigkeit und nicht mit einem klugen und ausgewogenen Umgang mit der Vielfalt begegnet wird – gebraucht wird dringend die Vision der Vielsichtigkeit –, solange ist das Verderben vorprogrammiert, allen verheerenden historischen Erfahrungen zum Trotz.

Stehen der Menschheit deshalb weitere grausame, möglicherweise sehr verhängnisvolle Jahrhunderte bevor?

Will man die liberalen Demokratien bewahren, die durch ihre Rechtstaatlichkeit eigentlich die individuelle Freiheit eines jeden Einzelnen und das demokratische Funktionieren der Gesellschaft als Ganzes sichern sollen, dann bedarf es unbedingt jetzt eines klugen Narrativs, das möglichst viele Menschen erreicht und sie dazu inspiriert, sich einen intelligenten Umgang mit der Vielfalt anzueignen, denn nur so sind lebensnahe Klarheit und Orientierung möglich. Dafür werden Vielsichtigkeit und Globale Intelligenz benötigt, damit Unterschiede und Gegensätze nicht länger als Bedrohung erscheinen, sondern als Bereicherung dienen können.

Darüber hinaus sollte eine kluge Gegenerzählung heutzutage bewirken, dass die Schwächen der liberalen Demokratien tabulos erkannt, benannt und ausgemerzt werden und dass durch angemessene Veränderungen der unverzichtbare Wert aufgeklärter demokratischer Gesellschaften für möglichst viele wieder sichtbar wird.

▪ Gebraucht werden jetzt dringend demokratiebegeisterte Menschen, die in einer unüberhörbaren „Gegenbewegung" dafür sorgen, dass das Rad der menschlichen Entwicklung nicht wieder aus Angst vor der Vielfalt und dem damit verbundenem Hang zu einseitigen Weltsichten zurückgedreht wird.

▪ Gebraucht wird eine umfassende Bildung, die Menschen nicht länger auf sich alleine gestellt in der Einseitigkeit zurücklässt.

▪ Gebraucht wird die couragierte Kooperation vieler, um die unverzichtbaren globalen Veränderungen durchzusetzen.

▪ Gebraucht wird jetzt eine kluge und furchtlose Politik, die diesen grundlegenden Wandel, der nicht ohne spürbare Einschnitte zu realisieren ist, auch beherzt umzusetzen vermag.

▪ Gebraucht werden dafür Politiker, die sich nicht länger an erster Stelle um ihren eigenen Erfolge bei den nächsten Wahlen und den Ausbau ihrer persönlichen Macht kümmern, sondern die die sinnvolle Lösung der anstehenden Aufgaben zur obersten Priorität erheben.

▪ Gebraucht werden dafür allerdings unbedingt (wahlberechtigte) Bürger, die ihrerseits eben genau diese Zusammenhänge verstehen, bei der nächsten Wahl entsprechend würdigen und derartige Politiker mit solch einer klugen Politik entschieden unterstützen.

▪ Gebraucht wird wieder Demokratiebegeisterung. Es darf keinen Tag länger mehr so sein, dass sich Wähler innerhalb eines demokratisches Systems dazu verleiten lassen, selbstherrliche Egomanen zu unterstützen, anstatt Politiker zu wählen, die sich im obigen Sinn ernsthaft mit all ihrem Wissen und Können und die sich mit all ihrem Engagement für angemessene sinnvolle Lösungen einsetzen.

▪ Gebraucht wird eine schonungslose Lossagung von den oberflächlichen Mechanismen der so genannten Mediendemokratie, die bei genauer Analyse geradezu ein Fluch für jedwede politische Qualität darstellt, weil verhängnisvollerweise zu viele Menschen auf Effekthascherei hereinfallen, anstatt die Möglichkeit zu nutzen, sich fundiert zu informieren. Die Zeiten von „Schein" statt „Sein" in Bezug auf Personen und Inhalte müssen ein für alle Male ein Ende haben. Im Zentrum des gesellschaftlichen Miteinanders braucht es dringend Ernsthaftigkeit, Wahrhaftigkeit und Verlässlichkeit. Diese Charaktereigenschaften sollten künftig im Fokus von Aufmerksamkeit und Respekt stehen. Dann klappt das auch mit einer intelligenten Politik.

▪ Gebraucht werden deshalb kluge, seriöse und verantwortungsvolle Medienschaffende und Medien. Diese sind für den Wandel unverzichtbar!

▪ Gebraucht wird ernsthaftes Engagement in allen Lebensbereichen.

♦ **Gebraucht wird für das Ende des Wahnsinns und den Beginn einer fruchtbaren Phase in der Entwicklung der Menschheit die Menschensonne: Jeder gibt sein Bestes, damit das Beste realisiert werden kann.**

Warum eigentlich sollte das ein frommer Wunsch bleiben?

Bei all den von Menschen verursachten Problemen, gibt es derzeit weit und breit keinen einzigen Ansatz, der in Bezug auf realistische Lösungen logischer wäre als das Ideal der Menschensonne, sei denn, man will die einseitige Ego-Party mit all den bekannten Folgen immer weiter fortführen. Der Anfang liegt im Denken, die vermeintlichen Hürden ebenso.

Genau in solch einer Entwicklung besteht der nächste elementare Schritt in der Evolution der Menschen. Und natürlich können die Menschen das. Bis zum heutigen Zeitpunkt haben sie sich – abgesehen von einigen schwerwiegenden Verirrungen – als Meister der Kooperation erwiesen. Das evolutionär gesehen äußerst kurze Zwischenspiel des „Homo oeconomicus" hat die Menschen zwar zeitweilig auf die schiefe Bahn gebracht, wird sie dafür aber künftig um so beherzter wieder in fruchtbare Kooperation zurückkehren lassen – dieses Mal allerdings durch Vielsichtigkeit und Globale Intelligenz bereichert und abgesichert.

Revolutionen im 21. Jahrhundert

Die aktuellen Handbücher verstehen sich als Anstoß zu revolutionären Veränderungen.

Der Begriff der Revolution wird in diesem Zusammenhang als tief greifende zeitnahe Umwälzung und grundlegende Neuerung verstanden: einerseits gewaltlos und besonnen, andererseits tabulos klar und unmittelbar beherzt. Heutzutage sind revolutionäre Veränderungen als Ergänzung zur

Evolution unverzichtbar, da der Zustand von Natur und Mensch zu Beginn des 21. Jahrhunderts definitiv keine langwierigen Entwicklungen mehr zulässt. Dabei geht es dieses Mal definitiv nicht darum, wieder irgendwelche einseitigen Weltsichten – wie z. B. den Kapitalismus oder den Kommunismus – zu zementieren.

▪ Gebraucht werden wesentlich klügere Ansätze, die die vielfältige Lebenswirklichkeit der Menschen weitaus genauer abbilden.

▪ Gebraucht wird deshalb ein Gesellschaftsmodell – wie das der Kooperationswirtschaft –, das für die Ausgewogenheit von Individuum und Kollektiv, von Freiheit und Verantwortung, von Eigen-, Fremd-, Gemein- und Universalwohl steht.

Im Sinne eines fairen Miteinanders muss niemand Angst vor solchen Revolutionen haben, außer vielleicht die selbstherrlichen und raffgierigen Egomanen, denen es einseitig schon immer nur um sich selber ging. Aber selbst die könnten erkennen, dass die Zukunft der Menschheit in fruchtbarer Kooperation liegt, weil letztendlich ein jeder davon profitierten kann.

Die Evolution ist eine allmähliche Entwicklung, zum Teil über Millionen von Jahren. Revolution dagegen bedeutet einschneidende Veränderungen innerhalb von kurzer Zeit. Die Evolution umfasst die Entwicklung des Kosmos (kosmische Evolution), die Entwicklung der Erde (geologische Evolution) und die Entwicklung der Lebewesen (biologische Evolution). Betrachtet man die Evolution des Menschen, so umfasst diese zum Beispiel biologische, psychische und kulturelle Aspekte.

Völlig unerwarteterweise ist die Evolution inzwischen – u. a. befeuert durch die industrielle Revolution – an einem Punkt angelangt, an dem die Menschen durch ihr Tun nicht länger nur einen prägenden Einfluss auf die eigenen menschlichen Belange haben, sondern auch global auf biologische, geologische und atmosphärische Zustände und Entwicklungen auf der Erde. Dieser bislang fast ausschließlich negative Einfluss der Menschen bedroht zunehmend die bis dato lebensfreundlichen Verhältnisse auf ihrem Heimatplaneten. So ist es nachvollziehbar, dass Wissenschaftler mittlerweile sogar von einer erdgeschichtlich neuen Epoche sprechen: vom „Anthropozän", vom „Zeitalter des Menschen", was derzeit allerdings nichts Gutes bedeutet.

„Der Klimawandel ist eine der größten Bedrohungen unserer Zeit, die wir aufhalten könnten, wenn wir jetzt handeln. ... Wir stehen kurz vor einem

entscheidenden Punkt, an dem die Klimaerwärmung unumkehrbar wird.
... Trumps Entscheidung [Anm.: das Pariser Klimaschutzabkommen zu verlassen]
könnte die Erde wie die Venus werden lassen: Temperaturen von bis zu
250 Grad Celsius und es regnet Schwefelsäure. ", so der 2018 verstorbene
Astrophysiker Stephen Hawking (1942-2018). *(„Stephen Hawking machte eine*
unheimliche Vorhersage über Trump", 9.7.2018, businessinsider.de)

Infolge dieser bis heute ignorierten Entwicklung, da sie den bisherigen
geistigen Horizont des Homo sapiens komplett übersteigt, finden die
Menschen sich jetzt unerwarteterweise in einer bis zum heutigen Tag un-
vorstellbaren Verantwortung wieder: der Verantwortung für die Entwicklung der Menschheit und der Erde. Eigentlich ist das alles andere als
plötzlich geschehen, aber die Menschen haben diese Erkenntnis viel zu
lange nicht wahr haben wollen, was nicht wenige aus Ignoranz noch heute
tun – z. B. der derzeitige US-amerikanische Präsident Donald Trump, wie
auch dessen Vorvorgänger George W. Bush. Deshalb wird die Menschheit
jetzt recht unvermittelt in vollem Ausmaß damit konfrontiert. Um nachhaltigen Schaden zu vermeiden, was für kurze Zeit wohl noch möglich
sein soll, bleibt in Bezug auf die notwendige Bewusstheit und das daraus
folgende adäquate Handeln an diesem in der Evolution unumkehrbaren
Punkt keine Zeit mehr für langwierige evolutionäre Prozesse. Gefahr ist in
Verzug. Der Rückfall in Leugnung und einfältige Erklärungen – wie es
nicht wenige vorziehen – stellt eine Bankrotterklärung menschlicher Er-
kenntnismöglichkeit dar und ist für das Leben der kommenden Generationen auf der Erde absolut verhängnisvoll.

Deshalb werden jetzt sofort ohne Wenn und Aber „revolutionäre Prozesse" gebraucht, bei denen es um zeitnahe tiefgreifende und umfassende
Wandlungen im Denken und im Handeln geht. Einseitige Weltsichten
müssen überwunden, Vielsichtigkeit und Globale Intelligenz etabliert und
entsprechendes Handeln verwirklicht werden. Selbstverständlich nicht
gewaltsam, sondern in globaler Kooperation, selbstverständlich nicht in
blinder Besessenheit, sondern äußerst besonnen, selbstverständlich nicht
zögerlich, sondern mit tabuloser Klarheit und äußerster Durchsetzungskraft. Nur so kann die Menschheit ihrer heutigen Verantwortung für
Mensch und Natur tatsächlich gerecht werden. Diese Form der Revolutionen kann man als den unmittelbar anstehenden nächsten evolutionären
Schritt bezeichnen, deren Verweigerung als evolutionären Rückschritt.

Das „Brillen-Dilemma"

Ein jeder kennt das Beispiel von der Brille mit den farbigen Gläsern, die dem Träger den Eindruck vortäuschen, dass die Farben in der Welt, die er durch seine Brille wahrnimmt, der Tönung seiner Brillengläser entsprechen: Sind die Brillengläser bräunlich, erscheint die ganze Welt braunstichig, was natürlich die Wahrnehmung der eigentlichen Farbenvielfalt spürbar einschränkt. Nimmt der Brillenträger allerdings die Brille wieder ab, so sieht er die gewohnten unverfälschten Farben, also erneut die ungetrübte Farbenvielfalt. So weit, so bekannt und so banal.

Man sollte dieses Beispiel allerdings einmal fantasievoll zu Ende denken: Was wäre, wenn der Brillenträger tagein, tagaus dieselbe Brille quasi von Dunkelheit zu Dunkelheit trüge – z. B. in Form von farbigen „Permanent-Kontaktlinsen" – und den wirklichen Anblick der Welt auf Dauer vergessen hätte?

Selbstverständlich hielte er dann die eingefärbte Welt für die reale. Nähme er zu einem späteren Zeitpunkt dann doch einmal die ungetrübte Farbenvielfalt der Wirklichkeit ohne Brillen- bzw. Linsen-Sicht wahr, dann käme ihm diese vermutlich wie eine verstörende, blendende Illusion vor, die er schnell zu korrigieren versuchte, denn nur die eingefärbte Welt wäre für ihn ja die reale.

So bescheiden dieses Brillenbeispiel auch sein mag, so treffend beschreibt es den kognitiven Zustand des heutigen selbst ernannten Homo sapiens zu Beginn des 21. Jahrhunderts. Denn der Mensch begrenzt in seinem Lebensalltag tatsächlich hartnäckig seine Sicht der Wirklichkeit durch mehrere Brillen: u. a. durch die „Einseitigkeits-Brille", durch die „Egoismus-Brille", durch die „Egozentrik-Brille" und durch die „Wettkampf-Brille".

• **Die Einseitigkeits-Brille:** Der Mensch ist inmitten seiner selbst erschaffenen Entweder-oder-Welt felsenfest von der Widerspruchsfreiheit und dem ausgeschlossenen Dritten überzeugt, also davon, dass es keine (vermeintliche) Gegensätzlichkeit und keine zusätzlichen „Zwischenstufen" bzw. „Misch-Aspekte" in Bezug auf ein und dieselbe Sache geben darf. Verhängnisvollerweise baut er auf dieser völlig einseitigen, grundlegend reduzierten Sicht der Wirklichkeit, seine zentrale Logik und all seine Wissenschaften auf. Die Einseitigkeits-Brille gaukelt den Menschen eine Welt vor, die es in dieser Einfalt überhaupt nicht gibt. Also runter damit!

• **Die Egoismus-Brille:** Der Mensch ist durch die strikte Bevorzugung ökonomischen Denkens inzwischen fest davon überzeugt – im völligen Gegensatz zu seinem gesunden Menschenverstand, den heutigen evolutionsbiologischen Erkenntnissen und den vielen verschiedenen anderslautenden ethisch-religiösen Ansichten –, dass er von seiner Natur her ein einhundertprozentiger Egoist ist. Er baut sein globales Wirtschaftssystem – mit Auswirkungen auf fast jeden Menschen – auf dieser höchst destruktiven Annahme auf und wundert sich in seiner Einfalt dann, dass all die wertvollen ethischen Ansätze – z. B. in Bezug auf solidarisches Handeln – auf Dauer erfolglos sind und die Menschen – im Gegenteil – zunehmend egoistischer werden. Die Egoismus-Brille führt zur Zerstörung lebenserhaltender Mitmenschlichkeit und Verantwortung. Also runter damit!

• **Die Egozentrik-Brille:** Fast jeder Mensch geht davon aus, dass genau er mit seiner ureigenen Sicht, dass genau seine Kultur, seine Spezies oder auch sein Planet im Mittelpunkt allen Geschehens steht und deshalb den für alle geltenden Standpunkt bzw. die für alle geltende Norm verkörpert. So gründen die meisten Menschen ihr Handeln und ihr Denken auf einer völlig beschränkten Sicht – selbst in der heutigen globalisierten Welt. Die Egozentrik-Brille verleiht den Menschen eine ichbezogene Weltsicht mit allen verheerenden Folgen für seinesgleichen und für die Umwelt. Der sorglose, unverantwortliche Umgang mit dem einzigen Lebensraum Erde ist nicht nur dem Egoismus geschuldet, sondern auch Ausdruck der verheerenden menschlichen Egozentrik. Also runter mit der Brille!

• **Die Wettkampf-Brille:** Die meisten Menschen definieren sich immer noch als Einzelkämpfer, die sich im permanenten Wettstreit mit allen anderen wähnen, anstatt Wissen und Kompetenzen als gemeinsam nutzbare Bereicherung zu erfahren. Ihr blinder, tierischer Selbstbehauptungstrieb ist stets wichtiger als sinnvolle Lösungen durch Voneinander-Lernen und Miteinander-Kooperieren. Die Wettkampf-Brille lässt die Menschen am Ende einsam versagen, anstatt gemeinsam erfolgreich zu leben. Also runter damit!

♦ **Fazit:** Die Vermehrung fundierten gesellschaftlichen Wissens gelingt nur ohne diese Brillen. Die Menschen hören sonst nicht auf, sich in Bezug auf die Wahrnehmung der ganzen Wirklichkeit und den sinnvollen Umgang mit dieser unablässig selber zu begrenzen. Dadurch beeinträchtigen sie massiv ihr eigenes Denken und Handeln und damit auch das gesellschaftliche Miteinander.

Seit Jahrhunderten reden sich die Menschen diese einfältigen Sicht- und Verhaltensweisen ein und weigern sich bis heute vehement, die ganze Vielfalt der Wirklichkeit als gegeben anzuerkennen und den sinnvollen Umgang mit dieser zu erlernen. Nach dem Motto, dass nicht sein kann, was einmal ausgeschlossen wurde (de facto aufgrund einer viel zu begrenzten Sicht) und infolgedessen ein für alle Male nicht sein darf, wird ein anderes Denken als unwissenschaftlich, als idealistisch verträumt und als unnatürlich abgekanzelt, obwohl es der gesunde Menschenverstand schon sehr lange sehr viel besser weiß. Das Abnehmen der Brillen offenbart nämlich etwas, was grundsätzlich nicht unbekannt ist.

Dennoch werden Menschen mit anderen Sichtweisen ignoriert oder verspottet. Kein Wissenschaftler kann es sich deshalb jemals wagen, ohne den vollständigen Verlust seiner Reputation und seiner Stellung befürchten zu müssen, die allgemein vorherrschenden Sichtweisen bzw. grundlegenden Axiome der Logik und der Wissenschaften derart radikal in Frage zu stellen – wie das in diesen Handbüchern geschieht –, selbst wenn sich anderslautende Erkenntnisse förmlich aufdrängen und auch die vielen Warnzeichen geradezu nach Veränderung „rufen". Auf diese Weise der kritischen Vernunft selbstverschuldet beraubt, die eigentlich Voraussetzung für jedwedes wissenschaftliche Denken ist, wird am Ende nicht selten sogar der globale Wahnsinn zu Beginn des 21. Jahrhunderts immer weiter schöngeredet, weil einem nichts besseres mehr einfällt.

Wie lange noch?

Wo sind die Mutigen, die die Zivilcourage aufweisen, endgültig ihren tiefsten Erkenntnissen den Weg zu bahnen und sich beherzt für wirklich sinnvolle Veränderungen einzusetzen?

Sie werden jetzt gebraucht!

Es liegt auf der Hand, dass der entscheidende Impuls von „Außen" bzw. von „Unten" kommen muss, dass zumindest alle, die diese Zusammenhänge erkannt und verstanden haben, unübersehbaren Druck aufbauen müssen. Es ist nämlich bei Weitem nicht zwangsläufig nur das gut und richtig, was die Mehrheit als solches empfindet. Lösungen finden sich meistens abseits der eingetretenen Pfade. Der Mensch hat seinen Verstand, mit dem er bei tabulos klarer und besonnen ausgewogener Nutzung auch „in der Minderheit" zu erkennen in der Lage ist, was sinnvoll ist. Dafür muss er beileibe nicht darauf warten, dass viele andere das auch so sehen. Die wirkliche Qualität einer Sache hängt zum Glück nicht davon ab, ob irgendein anderer diese auch erkennt. Allerdings ist es im zweiten Schritt für die gesellschaftliche Implementierung unverzichtbar, dass möglichst viele die entsprechenden Erkenntnisse zuzulassen bereit und in der Lage sind. Genau an diesem Punkt braucht es die Mutigen (s. o.).

Um Veränderungen endgültig anzuschieben, ist also das beherzte Engagement jedes Einzelnen unverzichtbar, damit infolgedessen immer mehr Menschen ihre Türen und Fenster für das sinnvolle Neue öffnen.

Die meisten Wissenschaftler, Politiker und sehr viele andere sind bisher verhängnisvollerweise dazu nicht bereit. Warten aber ist nicht angesagt:

▪ Der richtige Zeitpunkt für die größtmögliche Bemühung ist genau jetzt. Wann denn sonst?

▪ Die Zeit ist reif für Veränderungen. Diese geschehen überall dort, wo sich Menschen im Hier und Jetzt mit ganzer Kraft darum bemühen. Das sollte nie und nimmer zum Erliegen kommen – im Gegenteil!

▪ Der exakte Zeitpunkt des definitiv gesamt-gesellschaftlichen Richtungswechsels lässt sich im Voraus nicht bestimmen. Dieser kann nur durch möglichst viele angestoßen werden. Jedes persönliche Warten darauf ist wie Sand im Getriebe, der Veränderungen behindert bzw. am Ende sogar verhindert – also beschränkt, verantwortungslos und destruktiv.

♦ Wer sich bewusst ist, dass Veränderungen notwendig sind, der sollte sich jetzt und künftig mit all seiner Kraft und Klarheit dafür einsetzen.

Die Verweigerung, sein Denken zu verändern und aktiv zu werden, erinnert – wie schon an früherer Stelle erwähnt – an das Verhalten von Drogenabhängigen. Das ähnelt einer tief sitzenden Gewohnheit bzw. einer Sucht, wie sie es zum Beispiel starke Raucher, Gewohnheits-Trinker oder „Zucker-Junkies" zu genügend kennen. Trotz vieler gut gemeinter Ratschläge von Dritten kann es – wenn überhaupt – sehr lange dauern, bis die eigene Erkenntnis dahingehend reift, dass man die eigene Lebensweise als (gesundheits-) gefährdend erkennt und anerkennt und dass die Einsicht wächst, dass man etwas verändern muss. Das aber kann nur dann gelingen, wenn man es auch von sich selber aus will.

Um sich seine Situation in dieser Art und Weise tabulos vor Augen führen und sich machbare Ziele setzen zu können, braucht es unbestechliche Klarheit, allen Mut und alle seelische Kraft. Nur dann kann man es schaffen, innerlich derart eingestimmt, bei der nächsten sich als hilfreich bietenden Gelegenheit entschieden zu handeln und sein schädliches Tun nicht länger fortzuführen – was vom Prinzip her eigentlich viel leichter ist, als die Angst vor diesem Schritt einem vorher stets weiszumachen versucht. Genau das aber ist der entscheidende Übergang in eine neue Lebensphase, die von Anfang an aller inneren Selbst-Inspiration und aller Durchhalte-Stärke bedarf, in wirklich keinem Moment mehr – auch nicht aus Übermut – wieder anzufangen. Dafür braucht es zwingend die tiefe Erkenntnis, dass ein Leben ohne seine negativen Gewohnheiten auf Dauer viel zufriedenstellender und gesünder ist und dass beispielsweise der kurzfristige Genuss einer Zigarette, eines Glases oder einer zusätzlichen Portion nichts weiter als eine süße Verführung in den realen Abgrund ist.

♦ Hinweis: Allerdings gibt es entscheidende Unterschiede: Auf Alkohol und Nikotin, kann man vollständig verzichten. Sie werden zum Leben nicht zwangsläufig gebraucht. Aber „essen" und „denken" muss man zu jeder Zeit. Bei der Ernährung wie auch beim Denken geht es darum, langjährige Prägungen zu überwinden und negative Gewohnheiten „im laufenden Betrieb" abzulegen und durch sinnvollere Verhaltensweisen zu ersetzen. Es ist viel einfacher, auf ein Verhalten komplett zu verzichten, als es verändern zu müssen. Deshalb bedarf es von Anfang an einer wesentlich größeren Klarheit, worum es bei der Umgewöhnung tatsächlich geht. Man muss das neue Verhalten regelrecht trainieren. Der notwendige Lernprozess ist viel komplexer, die Gefahr von Rückfällen groß. Hilfe von Dritten und gegenseitige Inspiration bei der „Neu-Orientierung" bzw. „Neu-Justierung" ist nahezu unverzichtbar.

Am Anfang der Veränderungen steht also die unverzichtbare Erkenntnis, dass man als so genannter Homo sapiens in Wirklichkeit ein selbst verschuldeter extremer Einseitigkeits- und Ich-Junkie ist, der so schnell wie möglich von diesem Denken und Tun ablassen muss, wenn er in Gegenwart und Zukunft positiv auf der Welt wirken und damit seiner neu erkannten Verantwortung für die Menschheit und die Erde gerecht werden möchte. Die dringend benötigten Veränderungen beginnen genau mit dieser wegweisenden Erkenntnis, die dann im zweiten Schritt das Loslassen von diesen Verirrungen und der Hinwendung zu Vielsichtigkeit, Globaler Intelligenz und Kooperation zur Folge haben muss.

Also runter mit der „Einseitigkeits-Brille", runter mit der „Egoismus-Brille", runter mit der „Egozentrik-Brille", runter mit der „Wettkampf-Brille" und sich dann im Denken und Handeln der ganzen Wirklichkeit öffnen! Auf seinen Nachbarn zu warten, gilt nicht!

Ja, es geht darum, langjährige Prägungen im Denken und im Handeln hinter sich zu lassen. Das geschieht nicht von alleine, es muss immer wieder neu erinnert werden und tut am Anfang vielleicht auch weh. Aber in Wirklichkeit handelt es sich dabei um Phantomschmerzen, denn die neu gewonnene Vielsichtigkeit ermöglicht auf Dauer geistig-emotionale Inspiration, die am Ende jedweden Einseitigkeits-Rausch um Dimensionen übertrifft. Das Überwinden einseitiger Weltsichten, das stückweise Ergründen einer wesentlich umfangreicheren Wirklichkeit, das gemeinsame Lernen durch das Ergänzen von ganz unterschiedlichen Standpunkten ermöglicht die wohltuende Erfahrung von Bereicherung und Orientierung.

♦ Bei der Beendigung einer Sucht, geht es bekanntermaßen nicht um den Verlust von Lebensqualität (so die Sicht des Junkies davor), sondern um die Bereicherung dieser (so die Sicht des Entwöhnten danach).

Was muss eigentlich noch alles geschehen, damit man den Zeitpunkt des Ausstiegs nicht unbeirrt ständig immer weiter verschiebt?

Man sollte sich jetzt ohne Tabus klar machen: Es gibt ihn ganz gewiss, den Augenblick, in dem man es zu weit getrieben hat und hoffnungslos krachend in den Abgrund stürzt. Der genaue Zeitpunkt ist unbekannt, aber diese Tatsache zu verdrängen, ist folgenreiche Realitätsverweigerung. Die Konsequenzen sind dann völlig unumkehrbar und niemals wieder gutzumachen. Es braucht also unbedingt vorher – also genau jetzt – die Bereitschaft zu einer vorausschauenden Sicht mit entsprechend konsequentem Handeln. Die Menschheit darf das Risiko des drohenden Abgrunds nicht länger eingehen! Es gibt nicht nur ein Leben, es gibt auch nur eine Erde!

Veränderungen – nötig und möglich wie nie zuvor!

„Wann, wenn nicht jetzt?

Wo, wenn nicht hier?

Wer, wenn nicht wir?"

John F. Kennedy

(wohl zurückzuführen auf ein jüdisches Sprichwort, zitate-online.de)

In der kulturellen Entwicklungsgeschichte der Menschheit haben vor allem diejenigen Menschen wichtige Veränderungen bewirkt, die im Großen wie im Kleinen all ihre Überzeugung und Unerschrockenheit, all ihre Klarheit und Kreativität und all ihre Kraft und Ausdauer zum Beschreiten neuer Wege und zum unbeirrten Verfolgen ihrer Visionen benutzten. Die Menschheit verdankt genau jedem dieser Einzelnen, die sich aufopferungsvoll in den Dienst der jeweiligen Sache zu stellen vermochten, ihre unglaublichen Entwicklungen und Erfolge. Fortschritt braucht Mut zum Neuen und nicht unterwürfige Konformität. Das möglichst geräuschlose Mitschwimmen in der Masse vermochte noch nie eine Verbesserung hervorzubringen. Kein Einstein dieser Welt ist jemals daraus hervorgegangen.

„Fantasie ist wichtiger als Wissen,
denn Wissen ist begrenzt"

Albert Einstein

Die eigentlichen Versager der menschlichen Geschichte sind nicht die, die nahezu regelmäßig von ihren Mitmenschen völlig alleingelassen und sogar mit Hohn und Spott bedacht in Wirklichkeit vielversprechende neue Wege ausprobieren – selbstverständlich auf dem Weg zum Erfolg mit Versuch und Irrtum, mit Rückschlägen und Misserfolg –, sondern die selbst ernannten Retter des Ewiggestrigen, die neuartige Entwicklungen großmäulig zu verhindern bemüht sind, die etwas Neues erst gar nicht zu denken bereit sind, die in Wahrheit hinter ihrer Agitation die eigene Unfähigkeit zu verbergen suchen. Das Keifen der kleinsten und schwächsten Hunde ist oft das penetranteste von allen, weil diese unentwegt die Illusion von Größe herauszubellen versuchen, was sich bei genauem Hinsehen aber durch und durch als inhaltslos und damit als vollkommen lächerlich erweist.

Was alles hätten die Menschen vor 250 Jahren (also vor etwa 10 Generationen – die letzten drei davon kennt man in der Regel) zu einer Vision von unser heutigen Zeit gesagt: mit einer Mobilität bis hin zu anderen Himmelskörpern, mit nahezu grenzenloser Telekommunikation, mit einem weltumfassenden Internet, mit all den unglaublichen Fähigkeiten und Fertigkeiten der Menschen?

Im Jahr 1768 (= 2018 – 250 Jahre) hatte sich in den Jahrzehnten zuvor die Technik der Dampfmaschine durchgesetzt. Zu diesem Zeitpunkt noch nicht erfunden bzw. eingeführt waren: Eisenbahn (1802), Fotografie (1826), Telefon (1876), Auto (1885), Glühbirne (1878), Röntgenstrahlen (1895), Flugzeug (1903), Antibiotikum (1928), Computer (1941), Mikrochip (1958), bemannte Raumfahrt (1961), Chip-Karte (1968), Spielkonsole (1968), E-Mail (1971), Handy (1973), Personal Computer (PC – 1971), World Wide Web (1990) und das Smartphone (1995). Im 21. Jahrhundert kamen dann zum Beispiel HD-Fernsehen, eBook-Reader, YouTube, Wikipedia, die Cloud, Navigationsgeräte, Facebook und vieles mehr hinzu.

Was also wäre 1768 mit einem Visionär geschehen, der all diese Errungenschaften vorhergesagt hätte? Man möchte es sich lieber gar nicht vorstellen. Jedenfalls wissen wir heute nichts von so einer armen Kreatur.

Natürlich kann die Menschheit völlig zu Recht stolz auf diese unglaublichen Erfolge in so unglaublich kurzer Zeit sein. Das zeigt, zu welchen Leistungen und zu welchen Veränderungen die Menschen auch in sehr kurzer Zeit in der Lage sind. Diesbezüglich hat der Mensch sicherlich die Bezeichnung „Homo sapiens machinator", der kluge Waffen- und Maschinenbauer, verdient. Homo sapiens, ein wirklich kluger Mensch, ist er aber definitiv nicht. Zu viele menschgemachten Katastrophen pflastern seinen Weg. Was fehlt sind Einsicht und Haltung in Bezug auf das Zusammenleben der Menschen und den Umgang mit der Natur.

Das folgende Beispiel macht das deutlich: 1998 glaubten einer Emnid-Umfrage zufolge 81% der Befragten, dass AIDS im Jahre 2050 heilbar ist, während 87% davon ausgingen, dass 2050 immer noch Menschen auf der Welt an Hunger sterben. *(Spiegel Spezial, 10/1998, Die Zukunft der Erde, S. 9)*

Obwohl der Hunger 1998 materiell und logistisch gesehen schon längst hätte überwunden sein können – alles dafür Notwendige stand der Menschheit bereits zur Verfügung –, gingen 87% der Menschen davon aus, dass die Menschheit es auch 50 Jahre später immer noch nicht geschafft hat, dieses unglaubliche Leid zu überwinden. Das spiegelt die verheerende Selbstsicht der Menschen bezüglich ihrer eigenen gelebten Moral wieder. Dagegen aber war das Vertrauen in Forschung und Wissenschaft derart groß, dass ein seinerzeit noch völlig ungelöstes Problem von 81% der Befragten in 50 Jahren für lösbar gehalten wurde.

Wäre das Ergebnis einer solchen Umfrage heute ähnlich?

Die Wirklichkeit spricht eine klare Sprache: 2017 ist die Zahl der Hungernden gegenüber den vorhergehenden Jahren wieder gestiegen. Etwa jeder neunte Mensch hat nicht genug Nahrhaftes zu essen. *(„Uno Bericht – Weltweit hungern 821 Millionen Menschen, 11.9.2018, spiegel.de)*

Genau die in der Umfrage deutlich werdende Einstellung muss sich heute komplett verändern. Denn „der Fisch stinkt vom Kopf her", und zwar vom Kopf eines jeden Einzelnen, der so wenig Vertrauen in das humanitäre Potenzial des Menschen hat und dadurch bereits in seinem Denken Untätigkeit provoziert, was die bisherige weit verbreitete Starre im Handeln erklärt. Das zeigt unmissverständlich, wie wichtig eine Veränderung des menschlichen Denkens ist.

„Wir müssen die Änderung sein,
die wir in der Welt sehen wollen. "

Mahatma Gandhi

Natürlich sind die Menschen auch zu ähnlich umfangreichen und zeitnahen Veränderungen im zwischenmenschlichen und gesellschaftlichen Bereich in der Lage, wie sie dies in in Bezug auf die Fortentwicklung von Waffen, Werkzeug und Techniken eindrucksvoll unter Beweis gestellt haben. Die unverzichtbare Voraussetzung dafür allerdings ist, dass sie sinnvolle Veränderungen im humanitären Bereich überhaupt wollen und zulassen. Bisher waren die meisten von ihnen dazu nicht bereit.

Albert Schweizer bemerkte zu Recht: *„Die größte Entscheidung deines Lebens liegt darin, dass du dein Leben ändern kannst, indem du deine Geisteshaltung änderst."* Und Albert Einstein hierzu: *„Eine neue Art von Denken ist notwendig, wenn die Menschheit weiterleben will."*

Wann, wenn nicht jetzt, ändern die Menschen ihre Geisteshaltung?

Die heute notwendigen Veränderungen sind genau genommen wesentlich einfacher als alle vergangenen technischen Errungenschaften, weil die Menschheit bereits heute über das notwendige Know-how und die entsprechende Technik verfügt. Es ist – wie oben gezeigt – an erster Stelle das Denken der Menschen, das einer sofortigen Korrektur bedarf. Auf dieser Grundlage erfolgt dann das Handeln in konstruktiver Kooperation, und zwar genau dort, wo man steht, mit dem, was man kann, und mit denen, die mitmachen. Auf diese Weise lassen sich die Menschheit und die Welt vor dem Schlimmsten bewahren und künftig in eine fruchtbare Richtung bewegen, wenn einerseits jeder einzelne Mensch seine Haltung verändert und andererseits die Gesellschaft als Ganze neue Wege beschreitet.

Der Ausblick

Der Aufgabenberg zu Beginn des 21. Jahrhunderts

erscheint auf den ersten, oberflächlichen Blick

als für sinnvolle Lösungen viel zu gewaltig.

Auf den zweiten Blick aber lässt sich erkennen,

dass der vom Menschen schon längst verursachte Mist,

dass also die Altlasten den weitaus größten Teil ausmachen.

Das eigentliche Problem

sind also gar nicht die aktuell notwendigen Veränderungen

im Denken und Handeln der Menschen.

Wie sähe dann eine Welt aus,

in der nicht Einseitigkeit und Egoismus bestimmten,

in der Klugheit im Dienste der Aufgaben im Mittelpunkt stünde?

Wie sähe eine Welt aus,
in der Vielsichtigkeit und Globale Intelligenz,
in der die Goldene Regel und Kooperation gelebt würden?

Die Vorstellung davon
verspricht ein lohnenswertes Leben,
jenseits all des heutigen Wahnsinns.

Wenn aber das Ziel lohnenswert ist
und der grundlegende Wandel faktisch nicht das Problem,
warum dann nicht sofort beginnen – unbeirrt und zielstrebig?

Um die Altlasten
kann sich im zweiten Schritt gekümmert werden.
Dann ist dieses Unterfangen viel Erfolg versprechender.

Die Analyse des Wahnsinns zu Beginn des 21. Jahrhunderts (s. u. a. den Band „Das Ende des Wahnsinns") gipfelt in der Erkenntnis – wie oben bereits erwähnt –, dass Einseitigkeit und übertriebene Ichbezogenheit die häufigste Ursache für die menschgemachten Probleme sind. Der Schlüssel für die notwendigen Veränderungen in nahezu allen Bereichen menschlichen Lebens liegt also in der Überwindung der Einseitigkeit – hin zur Vielsichtigkeit – und in der Überwindung der Ichbezogenheit – hin zu Globaler Intelligenz und fruchtbarer Kooperation.

„Auch eine schwere Tür
hat nur einen kleinen Schlüssel nötig."
Charles Dickens (1812-1870), englischer Schriftsteller

Die Veränderung des eigenen Denkens und seiner grundsätzlichen inneren Haltung sind das über allem stehende elementare erste Ziel und damit der Beginn von Veränderungen. Das ist weder unerreichbar noch etwas, wovor man in die Knie gehen müsste. Es ist allerdings unverzichtbar, dieses als Ziel zu erkennen und anzuerkennen, bevor man es dann mit allen zur Verfügung stehenden Kräften zu erreichen bzw. umzusetzen versucht.

Von dem gewaltigen globalen Problemberg, der in der Vergangenheit stark gewachsen ist, darf man sich zu keinem Zeitpunkt abschrecken lassen: nicht im Vorfeld und nicht am Anfang seiner Bemühungen. Beginnt man nämlich mit der Veränderung seines Denkens und seiner Haltung, dann wird sich das Verhalten, das zu diesen Altlasten geführt hat, nicht weiter fortsetzen. Bereits das ist der entscheidende „Phasensprung", der je nach Problem-Bereich schneller oder langsamer zu einer Umkehrung der schädlichen Entwicklungen führt.

Bisher waren die Menschen Meister im Verursachen von schädlichen Entwicklungen, Versager in deren Vermeidung und absolute Nieten, wenn es um das Aufräumen ging. Jetzt werden sie lernen müssen, im positiven Sinn einerseits Meister fruchtbarer Entwicklungen und andererseits Experten in der Entsorgung von Altlasten zu werden. Ihre neu gewonnene Vielsichtigkeit – jenseits von Einseitigkeit und Egoismus, manifestiert in fruchtbarer Kooperation – beflügelt sie dabei. So können die menschlichen Bemühungen wesentlich effektiver sein als jemals zuvor für möglich erachtet.

Der Kooperationseffekt

Aufgaben,

die man gemeinsam löst,

fallen einem wesentlich leichter,

als wenn man alleine damit ist.

Wissen,

das man mit anderen teilt,

wird nicht weniger,
sondern es wird mehr.

Energien,
die man mit anderen bündelt,
verlieren sich nicht,
sondern nehmen an Stärke zu.

Erfolg,
den man gemeinsam erzielt,
ist nicht weniger wert,
sondern wesentlich bedeutsamer.

Menschen,
die vielsichtig und klug kooperieren,
können den Wahnsinn in der Welt beenden
und zu neuen Ufern führen.

So erscheinen auch die Problemberge nicht länger als unermesslich. Beim Überwinden dieser Berge lässt man sich am besten durch die Vorgehensweise von erfahrenen Bergsteigern inspirieren.

Die Strategie der Bergsteiger

„Die Hauptsache ist, man weiß, wo der Berg steht."

So der erste offizielle deutsche Bergführer, Johann Grill (1835-1917), genannt der „Kederbacher", auf die Frage, was das Wichtigste beim Bergsteigen sei.

Der Kommentar des bekannten Bergsteigers Reinhold Messner (geb. 1944) hierzu: *„Und das unterschreibe ich sofort. Ich muss wissen, was ich will. Ich muss wissen, was mein Ziel ist. ... Ich kann mich ja nur identifizieren mit einem Ziel, wenn ich weiß, was mein Ziel ist. ... Und ich glaube, dass das Problem vieler junger Leute heute ist, dass sie nicht wissen, was sie eigentlich wollen."* *(nach einem Interview von Lisa Feldmann und Andreas Lebert mit Reinhold Messner, „Kann man Willensstärke trainieren?", zeit.de, 25.5.2018, aus ZEIT Wissen Nr. 3/2018)*

Ganz offensichtlich ist die fehlende Zielsetzung nicht nur ein Problem der jungen Leute, sondern ganz allgemein der meisten Menschen heutzutage. Wer weiß denn in diesen unübersichtlichen Zeiten noch, was er wirklich will. In dem ganzen Wahnsinn um einen herum spürt man zwar immer eindringlicher, was man nicht will, aber die Vielzahl der Probleme und vor allem auch deren gewaltigen Ausmaße nehmen einem zunehmend den Mut, Ziele aufzustellen und zu verfolgen, da diese sogleich als illusorisch erscheinen und von den meisten auch so eingestuft werden. Da schließt sich der Teufelskreis: Die so hervorgerufene Ziellosigkeit verstärkt das Gefühl der Orientierungslosigkeit und das wiederum die wachsende Bereitschaft, sein Glück in einseitigen Welterklärungen zu suchen. Deshalb ist besonders in den heutigen Zeiten eine angemessene Zielsetzung unverzichtbar.

Jeder erfahrene Bergsteiger weiß zu Beginn von seinem Ziel definitiv recht viel: von dem extrem hohen Gipfel und der Tatsache einer alles anderen als einfach zu besteigenden Route. Bei seinem Weiterkommen konzentriert er sich dann allerdings auf jede einzelne seiner Bewegungen: Schritt für Schritt, von Stein zu Stein, von Felsvorsprung zu Felsvorsprung, von Zwischenziel zu Zwischenziel, von Basislager zu Basislager. Es wäre geradezu selbstmörderisch, neben einer klaren Orientierung sich permanent die drückenden Herausforderungen des Ganzen mantramäßig vor Augen zu führen, da in der Realität doch genau die Herausforderung jedes konkreten Augenblicks, also jede einzelne Bewegung, über Leben oder Tod entscheidet.

Hinzu kommt die selbstverständlich unverzichtbare Notwendigkeit zum fast geräuschlosen Gelingen einer vertrauensvollen Kooperation mit den anderen der Seilschaft, was ebenfalls ein zentraler Garant für das Überleben ist. Jedwede Paranoia vor den schwindelerregenden Herausforderungen des gesamten Unternehmens gefährdet nicht nur das eigene, sondern vor allem auch das Leben der anderen, die mit in die Tiefe gerissen werden könnten. Deshalb muss sich jeder nicht nur auf die physische, sondern vor allem auch auf die mentale Stärke des anderen blind verlassen können. Der verantwortungsvolle tabulose Umgang mit den eigenen Stärken und Schwächen, das angemessene, aber notwendige Hinzulernen in den geeigneten Augenblicken, sind nicht nur im Berg überlebenswichtige Voraussetzungen. Jede Situation verlangt einhundertprozentige Aufmerksamkeit, denn Ablenkung kann tödlich sein.

Beim Bergsteigen führen garantiert nicht alle Wege zum Ziel. Und die Vorstellung, dass der Weg gar das Ziel sei, wäre für ernsthafte Bergsteigerei verheerend. Solch eine Einstellung bleibt Spaßvögeln, Genießern und Zen-Buddhisten vorbehalten.

Das Ziel und seine gewaltigen Ausmaße völlig klar vor Augen, die Route auf dieser Grundlage glasklar bestimmt, den Weg in machbare Etappen gegliedert, konzentriert man sich dann mit äußerster Kraft und positiver Einstellung auf jeden einzelnen Schritt und die Kooperation mit den anderen. Das ist das Erfolgsrezept verantwortungsvoller Bergsteiger, die Bereicherung und Freude in ihrem verlässlichen Erfolg erfahren.

Ohne ein klares Ziel

keine klare Richtung

und kein klarer Weg.

Was bliebe,

wären Unklarheit,

Gefahr und Stillstand.

Das gilt natürlich auch für jeden Menschen, der in der Lebenswirklichkeit bestehende katastrophale Zustände beenden und fruchtbare Verhältnisse neu gestalten möchte. Auch hier ist es von entscheidender Bedeutung, Start und Ziel, Weg und Richtung äußerst klar zu unterscheiden, den Weg in beschreitbare Etappen einzuteilen und mit äußerster Aufmerksamkeit jeden einzelnen Schritt zu machen.

Hinweis: Das Beispiel des Bergsteigens bezieht sich ausdrücklich nicht auf verantwortungslose Extremkletterer bzw. so genannte Adrenalin-Junkies, die durch immer größer werdende lebensgefährliche Waghalsigkeit den ultimativen „Kick" durch körpereigene Drogen zu erhaschen suchen. So lange diese noch am Leben sind, haben sie wirklich Mitleid und Hilfe verdient, danach ihre leichtfertig zurückgelassenen Angehörigen, deren Schicksal unfassbarerweise stets in Kauf genommen wird.

Es ist das Problem sehr vieler Junkies, dass sie den tödlichen Abgrund ganz einfach ignorieren und sich dadurch besonders stark fühlen. Welch eine Verirrung! Weit entfernt von jedweder sinnvollen Selbstverwirklichung, da das Unterfangen viel zu oft in Selbstvernichtung endet!

Macht des Einzelnen – Macht der Gemeinschaft

Der österreichische Schriftsteller Stefan Zweig (1888 – 1942) hat einmal folgende wunderbare Zeilen benutzt. Wahrscheinlich hat dieser Ausspruch seinen Ursprung in einer afrikanischen Kultur. Er soll ein Sprichwort der Xhosa sein (in Tansania, Südafrika, Botswana und Lesotho).

„Viele kleine Leute an vielen kleinen Orten,

die viele kleine Schritte tun,

können das Gesicht der Welt verändern."

Dieser Ausspruch trifft etwas sehr Wesentliches, nämlich dass sich der Einsatz jedes Einzelnen zu etwas ganz großen Ganzen summieren und damit etwas bewegen kann. Inspirierend!

Damit sich eine derartige Vorstellung allerdings von der Ebene einer betörenden romantischen Inspiration auf die Ebene einer praxistauglichen Idee weiterentwickeln kann, müssen die Aspekte der Übereinstimmung von Ziel und Richtung und der Kooperation hinzugefügt werden:

Wenn viele Einzelne

an vielen Orten

viele eigene

und viele gemeinsame Schritte

in die festgelegte Richtung

des zuvor bestimmten Zieles tun,

vermögen sie in Kooperation

mit möglichst vielen anderen

die Welt nachhaltig zu verbessern.

Zugegeben, die inspirierende Schönheit des ursprünglichen Ausspruchs ist verloren gegangen. Diese neue Fassung soll aber vor Augen führen, dass zunächst Ziel und Richtung geklärt sein müssen, bevor die Bemühung jedes Einzelnen in der Kooperation mit anderen in der Summe tatsächlich „das Gesicht der Welt" zu verändern vermag. Die „Macht jedes Einzelnen" kann so zur „Macht der Gemeinschaft" werden.

In Bezug auf das Fernsehen hat sich dieses Prinzip unter dem Begriff der Einschaltquoten bereits herumgesprochen: Sind die Einschaltquoten zu niedrig, dann wird über kurz oder lang die entsprechende Sendung abgesetzt. Die Zuschauer bestimmen also durch ihr Sehverhalten indirekt das Programm. Am Ende entscheiden also sie darüber, was man ihnen serviert und was nicht.

Dieses Prinzip existiert heutzutage in sehr vielen Lebensbereichen: Die Nachfrage bestimmt das Angebot. Verhängnisvollerweise ist die Nachfrage der Menschen aber viel zu häufig durch gezielte Manipulation (z. B. durch Werbung aller Art, durch Lügen in allen Variationen und auf allen Kanälen, durch Missbrauch der sozialen Medien etc.) fremdbestimmt. Diesbezüglich bedarf es also größter Bewusstheit.

Im Folgenden Beispiele für die potenzielle Macht einer kooperierenden Gesellschaft:

▪ Es gibt keine Religion auf der Welt, die gesellschaftlich überleben kann, wenn die Menschen ihr das Vertrauen entziehen.

▪ Es gibt keinen Diktator, keinen Präsidenten und keine Partei auf der Welt, von denen auch nur ein einziger bzw. eine einzige politisch überleben kann, wenn sie von den Menschen keine Unterstützung mehr erfahren.

- Es gibt keinen Konzern auf der Welt, der finanziell überleben kann, wenn die Kunden nichts mehr von ihm und seinen Produkten wissen wollen.

- Es gibt kein System und keine Tradition auf der Welt, die überleben können, wenn die Menschen sie nicht mehr wollen.

- Aktuelles Beispiel: Anfang September 2018 hat das Kampagnennetzwerk Avaaz, das u. a. eine bekannte Petitionsplattform ist, mithilfe von über 200.000 Spenden und einer (u. a.) damit finanzierten hervorragenden Anwaltskanzlei ein Gerichtsverfahren gegen den machtvollen Konzern Monsanto, der inzwischen Teil der Bayer AG ist, gewinnen können. Daraufhin informierte die Bewegung ihre Unterstützer in einem euphorischen Rundschreiben darüber: … *„Selbst die mächtigsten Akteure auf dieser Welt sind nicht mächtiger als die Wahrheit und nicht stärker als einfache Bürger, die sich zusammenschließen und sich für all das einsetzen, was ihnen am Herzen liegt.“* … *(„Monsanto: Wir haben GEWONNEN!!!“, Avaaz-Rundschreiben vom 07.09.2018)*

Wie immer man zu den einzelnen Akteuren und den konkreten Inhalten stehen mag, so bringt dieses Beispiel das zuvor beschriebene Prinzip unmissverständlich auf den Punkt. Als Bürger sollte man dies zur Kenntnis nehmen und niemals mehr vergessen.

Wer allerdings etwas anderes glaubt, der ist der Verschleierungstaktik der Mächtigen oder der ewig Gestrigen, die sich sogar dringend benötigten Veränderungen lautstark in den Weg stellen, bereits auf den Leim gegangen. Das aber ist nicht zwangsläufig für immer hoffnungslos, denn man kann sich zu jedem Zeitpunkt die Zusammenhänge bewusst machen und künftig im Denken und Handeln Einsicht und Vernunft Oberhand gewinnen lassen.

♦ **Fazit: Die Erkenntnis, dass eine entschlossene Gesellschaft über ein machtvolles Potenzial verfügt, was konkrete Einflussnahme anbetrifft, und es deshalb kaum Veränderungen gibt, die nicht realisiert werden können, sollte verinnerlicht und berücksichtigt werden.**

- Das Ganze beginnt im Hier und Jetzt mit der sicht- und hörbar gemachten Überzeugung eines jeden Einzelnen.

- Die Macht jedes Einzelnen kann sich heutzutage in Windeseile um ein Vielfaches potenzieren und so zur eindrucksvollen Macht der Gemeinschaft werden.
- Die Macht der Gemeinschaft ist Ausdruck der Macht der Einzelnen.

Das Prinzip ist immer gleich und muss ganz einfach nur beherzigt werden. Niemand sollte je auf seine persönliche Macht aus Ignoranz verzichten!

Die Einflussreichen der Welt fürchten diese gesellschaftliche Bündelung von Macht wie der Teufel das Weihwasser, weil sie durch einige Vorfälle in der Vergangenheit sehr genau wissen, dass sie gegen die Macht der vielen Einzelnen – in diesem Fall der Verbraucher oder der Bürger – völlig machtlos sind, selbst wenn sie noch so groß sind. Im Gegenteil, Größe ist auch zwingend auf die Unterstützung möglichst vieler angewiesen, zum Beispiel auf die Stimmen vieler oder auf den massenhaften, täglichen Kauf ihrer Produkte. Würden dann sehr viele Menschen gegen sie stimmen oder auch nur wenige Tage auf den entsprechenden Konsum verzichten, dann wäre letztendlich die Größe durch entsprechend große Gegenreaktion mitverantwortlich für das schnelle Ende.

Immer mehr Bürger verfügen heutzutage über die notwendige Technik, um sich innerhalb kürzester Zeit gegenseitig zu informieren oder Aktionen abzustimmen – sogar weltweit. Zum Beispiel waren so genannte „Flashmobs" (blitzartige, über die sozialen Medien abgesprochene Massen-Aktionen) vor kurzer Zeit noch unvorstellbar. Heutzutage sind sie ein Mittel mit einem bis dato ungekannten Wirkungsgrad. Sie sollten in der Praxis allerdings wenn möglich nicht zum Einsatz kommen müssen, da sie unkontrolliert – wenn sie zum Beispiel auf falschen Informationen beruhen – völlig aus dem Ruder laufen und am Ende äußerst kontraproduktiv und sogar gefährlich sein könnten. In diesem Zusammenhang ist also äußerste Klarheit und Besonnenheit unverzichtbar, da man sonst möglicherweise leichte Beute von Volksverführern wird, die einen in ihrem Sinn zu bewegen bzw. zu missbrauchen versuchen.

Alleine aber das Bewusstsein der Möglichkeit von solchen Aktionen sollte ausreichen, um „Mächtige" zu einsichtigem Verhalten zu bewegen. Frei nach dem Motto: *„Wer nicht bereit ist hinzuzulernen, wird am Ende durch die Folgen seiner eigenen Uneinsichtigkeit bestraft!"*

Das „Einschaltquoten-Prinzip" macht deutlich, dass die Macht jedes Einzelnen aufmerksam bewahrt werden muss. Sie ist ein kostbares Gut. Es sollte sich diesbezüglich niemand mehr einlullen lassen oder dem Gerede über die Machtlosigkeit des Einzelnen Glauben schenken. Auch Angst, Faulheit, Egoismus oder Ignoranz sollten kein Grund dafür sein, jemals auf seine machtvolle Stimme zu verzichten. Genau an diesem Punkt gilt es aufzuwachen und sich seiner Einflussmöglichkeiten bewusst zu werden.

Das entspricht übrigens auch der Grundverpflichtung eines jeden Menschen, der als wahlberechtigter Bürger in einer Demokratie lebt. Nutzt dieser seine Stimme und damit die einzigartige Chance der klugen Mitgestaltung nicht, mutiert er viel schneller als er selber zu glauben in der Lage ist, zum glühenden Sargnagel dieser großartigen kulturellen Errungenschaft der Menschheit. Die Demokratie hat es nun wirklich nicht verdient, durch Missachtung ihrer Grundlagen wieder abgeschafft zu werden. Im Gegenteil, sie braucht die Klugheit und die sichtbare Entschlossenheit eines jeden Bürgers.

Bezüglich dieser grundsätzlichen Notwendigkeit – seine Stimme bei einer Wahl abzugeben – machte der frühere US-amerikanische Präsident Barack Obama am 7.9.2018 in einer Rede an der Universität des Bundesstaats Illinois vor Studenten deutlich: *„Es gibt derzeit nur ein Hindernis für schlechte Politik und Machtmissbrauch, und das ist eure Stimme. ... Solltet ihr gedacht haben, dass Wahlen keine Rolle spielen, dann hoffe ich, dass die beiden vergangenen Jahre diesen Eindruck korrigiert haben. ... Letztendlich liegt die Bedrohung für unsere Demokratie nicht in Donald Trump oder der aktuellen Besetzung der Republikaner im Kongress. Die größte Bedrohung für unsere Demokratie ist die Gleichgültigkeit."* (*„Obama an die Demokraten: »Die größte Bedrohung für unsere Demokratie ist Gleichgültigkeit«"*, faz.net, 08.09.2018)

Eines ist gewiss: Demokratie überlebt nur mit demokratischen Bürgern.

"Alles was das Böse benötigt,

um zu triumphieren,

ist das Schweigen der Mehrheit"

So Kofi Annan (1938 – 2018), langjähriger UN-Generalsekretär, auf einer Sondersitzung der UNO-Vollversammlung am 24.1.2005. *(s. „UNO-Gedenktag, Das Schweigen der Mehrheit ermöglichte Auschwitz", 24.1.2005, spiegel.de)*

♦ **Fazit:**

Grundlegende Veränderungen waren noch nie so zwingend nötig, aber auch noch nie so zwingend möglich!

Das notwendige Wissen und die notwendige Technik sind vorhanden.

Was einzig fehlt ist die Bereitschaft möglichst vieler Einzelner.

Jetzt!

In Zeiten, in denen viele mit vielen vernetzt sind, ist Machtverlust durch Machtentzug nur eine Frage von Stunden. Größe und Macht schützen nicht mehr davor, im Gegenteil, denn Größe macht unbeweglicher und anfälliger. Die Macht einer kooperierenden Gesellschaft ist immer stärker. Deshalb müssen kluge Ziele – die auf der Grundlage von Vielsichtigkeit das Eigenwohl, das Fremdwohl, das Gemeinwohl und das Universalwohl angemessen berücksichtigen – glasklar benannt und damit die Richtung der notwendigen Veränderungen nachvollziehbar vorgegeben werden. Infolgedessen kann ein jeder genau dort, wo er steht, ganz gezielt seinen wichtigen, unverzichtbaren Beitrag leisten. Einzelbemühungen verpuffen nicht länger, sondern summieren sich zunehmend. Aus der Stärke und der Klugheit jedes Einzelnen werden so die Stärke und die Klugheit der ganzen Gesellschaft. Natürlicherweise vorhandene Unterschiede und vermeintliche Gegensätze blockieren sich nicht länger, sondern werden als konstruktive Ergänzungen erfahren und praxisnah integriert.

Jeder,

der behauptet,

dass Veränderungen nicht möglich sind,

weil die Probleme zu gewaltig

43

und die Menschen zu unklar,

der ist in Wirklichkeit selber das zentrale Problem,

quasi der Sand im Getriebe

und damit der eigentliche Grund dafür,

dass entsprechende Bemühungen häufig scheitern.

Ein jeder hat jetzt die Verantwortung,

der Wirklichkeit tabulos ins Auge zu sehen

und Ziel und Richtung nicht länger zu blockieren

oder sinnvollen Veränderungen im Weg zu stehen.

Ein jeder ist jetzt dazu aufgerufen,

genau dort, wo er steht,

beherzt sein Bestes zu geben.

Nur dann haben fast acht Milliarden Menschen

tatsächlich eine Chance

ihre einzige Lebensgrundlage zu bewahren.

Die Revolution der Besonnenen hat bereits begonnen.

Anmerkung: Laut dem Bergsteiger Reinhold Messner *(s. o.)* schafft man die letzten 800 Meter vor einem Gipfel nur, wenn man seinen Willen über jeden Schmerz und jede Erschöpfung stellt. Wille bzw. Willensstärke seien trainierbar, indem man sich immer wieder Ziele setze und alles daransetze, diese zu erreichen. Er selber benutze seinen Willen in jeder Lebenslage, immer im Hier und Jetzt, indem er stets bei der Sache bleibe und alles einsetzte, was er an Gaben habe, um seine Ideen umzusetzen.

Auch bei der „Rettung" von Erde und Menschheit wird solch eine Haltung dringend benötigt.

Tatsächlich wird die Welt tagein tagaus in unzähligen Kämpfen tausendfach gerettet, werden millionenfach wichtige Schlüssel, goldene Ringe und Kelche, Weisheitstafeln, Weltformeln, der Stein der Weisen oder der Heilige Gral selber gesucht, um irgendeiner Fantasiewelt wieder Leben einzuhauchen. Im Trailer für den Mehrspieler-Ego-Shooter, den so genannten *„Hero-Shooter Overwatch"*, heißt es so treffend: *„Die Welt kann nie genug Helden haben. "*

Dafür wird stunden-, tage-, nächte-, wochen- oder sogar monatelang trainiert und gekämpft, alleine oder in lautstarker Kommunikation zur Abstimmung der Kooperation seiner zufällig zusammengewürfelten oder zeitlich zuvor abgesprochen Heldengemeinschaft bzw. Kampftruppe. Andere wiederum erschaffen ganz neue Welten nach wirtschaftlichen, sozialen und ökologischen Gesichtspunkten. Es gibt inzwischen wohl ein riesiges Heer von Welten-Erschaffer, die allesamt Experten darin sind, bei der Gestaltung ihrer Welt möglichst viel zu beachten. Wiederum andere sind Experten für soziale Rollenspiele und sehr vieles mehr.

Alle diese Spieler investieren sehr viel Zeit und sehr viel Energie und geben stets ihr Bestes, um am Ende möglichst erfolgreich zu sein und so in irgendeinem Ranking nach oben zu klettern. Das ist inzwischen sehr viel wichtiger als vieles andere um sie herum. In den virtuellen Welten können sie sich neu erfinden und nach Herzenslust austoben. Dabei kann ihr Avatar alles erreichen, was im realen Leben unmöglich zu sein scheint.

Die stets weiterentwickelten virtuellen Fantasie-Welten bieten immer perfektere Möglichkeiten zu „Horizont-Erweiterungen" bzw. zur „Realitäts-Flucht", was nicht selten deutliche Parallelen zu intensiven Drogenerlebnissen aufweist, vermutlich sogar – zumindest psychisch – mit einem ähnlichen Suchtpotenzial. Welche Drogenerlebnisse bei der Entwicklung als Vorlage dienten, bleibt das Geheimnis der Erschaffer. Für jeden außenstehenden Nicht-Spieler muten diese Erzählwelten jedenfalls häufig äußerst bizarr an. Man kann sie mitnichten ernst nehmen und muss sich vorsehen, diese Einschätzung nicht auch auf die Spieler zu übertragen.

Wie viele Familien haben ihre Kinder bereits – zumindest ein Stück weit – an diese virtuellen Welten verloren? In Wirklichkeit sehr erschreckend!

Der Film *„Ready Player One"* (2018), basierend auf dem gleichnamigen Buch von Ernest Cline (2011), bringt die Verquickung von realer und virtueller Welt auf den Punkt: *„Ich mag die Wirklichkeit nicht, aber sie ist immer noch der einzige Ort, wo es etwas Vernünftiges zu essen gibt. "*, so eine wichtige Aussage, die verdeutlicht, dass „dummerweise" am Ende dann doch nur die Realität tatsächlich real ist.

In welch einem Zustand aber könnte die einzige reale Welt heutzutage sein – also das Leben der Menschheit auf der Erde –, wenn derartige

Aufmerksamkeit und Fürsorge, wenn solch ein Ausmaß an „Woman- und Manpower", wenn derartiges Wissen und Können beiden zuteilwürde?

Die Menschheit lebt heutzutage mit einer Vielzahl höchstgradig engagierter Welten-Retter und Helden in ihrer Mitte, kann davon aber in keiner Weise profitieren, weil stets nur virtuelle Welten gerettet werden.

Dabei geht es überhaupt nicht darum, etwas gegen perfektionierte Unterhaltung in einem angemessenen Rahmen zu sagen, aber es geht unbedingt darum, dass ein jeder einen messbaren Teil seines Einsatzes für die Rettung der realen Menschheit und der einzig wirklich lebbaren Welt investiert – und zwar dort, wo er steht, mit dem, was er kann, zusammen mit denen, die mit dabei sind. Dabei geht es um sehr viel mehr, als einfach nur mal kurz die Welt zu retten, wie dies Tim Bendzko singt.

Das folgende einfache (naturverbundene) Beispiel zeigt sehr eindrucksvoll, wozu ein einzelner Mensch durch klugen und beharrlichen Einsatz in Bezug auf die Verbesserung der Lebensqualität in seinem Umfeld in der Lage ist: Der Inder Jadav Molai Payeng lebt auf der wohl weltgrößten Flussinsel mit seiner Familie vom Verkauf von Milch. Seit langer Zeit schon reißt der Fluss Brahmaputra bei Monsun Teile dieser Insel ab und spült sie weg. Dabei bleiben in der Nähe der Insel große und unbewachsene Sandbänke zurück. Mit etwa sechzehn Jahren fing Jadav Molai Payeng aus eigenen Stücken und aus eigener Erkenntnis heraus an, auf einer dieser Sandbänke Bäume zu pflanzen – täglich einen. Etwa vierzig Jahre später ist auf einem bald doppelt so großen Gebiet wie dem Central Park in New York ein Wald voller Bäume mit zahlreichen Pflanzen und vielen verschiedenen Tierarten entstanden. Jedes Jahr kommen z. B. über einhundert frei lebende Elefanten für etwa drei Monate dorthin. Jadav Molai Payeng erhielt vom früheren indischen Präsidenten für sein Lebenswerk, das inzwischen manchmal von illegalen Jägern und sogar von Holzfällern heimgesucht wird – wie typisch für den dummen und raffgierigen Homo sapiens –, den offiziellen Titel „Forest Man of India" zusammen mit einer hohen Auszeichnung verliehen. Bis zu seinem letzten Atemzug will Jadav Molai Payeng mit dem Bepflanzen weitermachen und den nach ihm benannten Molai-Wald verteidigen. Inspiration und Kraft für sein Tun erhält er u. a. aus der Erkenntnis, dass dieser Lebensraum unbedingt seinen Einsatz braucht, und aus seinem Glauben, dass Gott, den niemand sehen könne, die Natur selber sei. Solange der Wald überlebe, überlebe auch er.

(„Auf unfruchtbarer Insel, Mann pflanzte 40 Jahre lang täglich einen Baum – das kam dabei heraus", 16.8.2018, travelbook.de)

Natürlich ist das nur ein Beispiel, natürlich kann jeder in jedem Bereich seinen wertvollen Einsatz leisten und muss nicht unbedingt Bäume pflanzen.

Es wäre allerdings ein Zeichen allertiefster seelischer Störung und allergrößter Sucht, wenn die Menschen nicht möglichst schnell ihre Fähigkeiten und ihre verfügbare Energie (auch) dafür einsetzten, die realen Lebensbedingungen so zu verbessern, dass sie und ihre Nachkommen auch weiterhin lebenswürdig existieren können. Denn genau das ist ihre Welt, die genau jetzt unverzichtbar der Rettung bedarf. Erst recht die reale Welt *„kann nie genug Helden haben"*. Das Aufwachen in dieser Original-Wirklichkeit ist mehr als überfällig!

Was alles muss noch dafür geschehen?

Jedes noch so kleine Dazutun – auch in der Kooperation mit anderen – ist wichtiger als alle Schlüssel, Ringe und Grale es jemals auch nur annähernd sein können. Hier geht es um ein „Ranking" das wirklich eine Bedeutung hat, denn – wie oben so treffend beschrieben – nur in der Wirklichkeit gibt es etwas Vernünftiges zu essen und das allerdings braucht man dringend zum Überleben.

Die folgenden Aufrufe versuchen zum Tun zu bewegen:

▪ *„Es ist besser, ein einziges Licht anzuzünden, als die Dunkelheit zu verfluchen."*
Konfuzius trifft mit dieser Aussage den entscheidenden Punkt.

▪ **„Arsch huh, Zäng ussenander"**
Eine Kölscher Aufruf der Gegenwart – übersetzt: *„Arsch hoch, Zähne auseinander"*, so das Motto einer Kölner Kampagne gegen rechte Gewalt; in diesem Kontext war es Motto eines Konzerts am 9.11.1992 mit über 100.000 Besucher auf dem Kölner Chlodwigplatz und ist heute das Motto des Vereins Arsch Huh e.V., arschhuh.de.

- *„Männer, jetzt geht ihr raus, fresst Gras und beißt in die Pfosten!"*

So pflegte der 2015 in Köln verstorbene erfolgreichste deutsche Vereinstrainer Udo Lattek (1935-2015) seine Mannschaft vor Beginn eines entscheidenden Spiels zu motivieren.

- **„Empört Euch"**

So der Aufruf zum politischen Widerstand gegen die Unzulänglichkeiten der Gesellschaft, insbesondere gegen die Folgen des Finanzkapitalismus; Titel eines Essays im Oktober 2010 von Stéphane Hessel (1917-2013), Widerstandskämpfer, politischer Aktivist und Mitautor der Menschenrechtserklärung der Vereinten Nationen, auch das „Gewissen der westlichen Welt genannt; gleichnamiges deutsches Buch am 8.2.2011.

- *„Gemeinsam für ein gerechtes Land in einem gerechten Europa! Miteinander für eine bessere Welt! Dafür lasst uns aufstehen!"*

Motto der (linken) Sammlungsbewegung „aufstehen", die sich selber als soziale und demokratische, links-liberale Erneuerungsbewegung bezeichnet. *(4.9.2018, aufstehen.de)*

- *„Wir brauchen eine internationale progressive Bewegung"*

„Um den Aufstieg der internationalen autoritären Achse erfolgreich zu bekämpfen, brauchen wir eine internationale progressive Bewegung, die von einer gemeinsamen Vision motiviert ist. Einer Vision von geteiltem Wohlstand, Sicherheit und Würde für alle Menschen... Eine solche Bewegung muss bereit sein, kreativ und mutig eine Welt zu imaginieren, die wir gerne hätten... Unsere Aufgabe ist es, alle Menschen auf der ganzen Welt anzusprechen, die diese Werte teilen und für eine bessere Welt kämpfen. In einer Zeit explodierenden Reichtums und sich rasant entwickelnder Technologien hat die Menschheit das Potenzial, ein anständiges Leben für alle zu ermöglichen. Unsere Aufgabe ist es, auf unsere gemeinsame Menschlichkeit zu bauen und alles gegen die Kräfte zu unternehmen, die versuchen, uns zu trennen und gegeneinander aufzubringen – seien es Regierungen oder Unternehmen, die sich jeglicher Rechenschaft entzie-

hen. Wir wissen, dass diese Kräfte über Grenzen hinweg zusammenarbeiten. Wir müssen dasselbe tun. "

Der US-Senator Bernie Sanders in seinem Artikel „Gemeinsam über Grenzen hinweg". *(Übersetzung Carola Torti, 20.9.2018, freitag.de)*

▪ *„YAEOLO"*

Der Ausspruch *„YOLO"*, *„You only live once"*, *„Du lebst nur einmal"*, also *„Nutze deine Chance und genieße!"* – weltweit vor allem von jungen Menschen benutzt – ist im Grunde genommen ein Aufruf zum eigenen Spaß und zur Unvernunft.

Dieser sollte dringend durch den Aufruf zu Ernsthaftigkeit und Vernunft *„EOLO"* – *„Earth only lives once"*, *„Die Erde lebt nur einmal. "*, also *„Nutze Deine Chance und bewahre sie!"* – ergänzt werden.

Genuss und Ernsthaftigkeit dürfen sich nicht länger ausschließen, sondern sollten sich künftig sinnvoll ergänzen. In diesem Sinne kann die modifizierte Version als zeitgemäßer Aufruf an alle dienen:

YAEOLO!

**You and earth
only live once.
Mach was draus!**
© gloint.de 2018

Bisherige Erkenntnisse der Handbuchsammlung

„Meist nur für den Nebenmenschen
ist die Dummheit eine Last,
denn der wack're Dumme selber
trägt sie würdig und gefasst. "

(nach) Christa Keller-Corvinius (1922-2018)

Die Selbsterkenntnis

Im Kapitel *„Die kognitive Selbsterkenntnis"*, im *„Handbuch Kognitive Revolution"*, wurde die Schwierigkeit zur eigenen Selbsterkenntnis detailliert erörtert. In obiger Weisheit von Frau Keller-Corvinius ist die gewonnene Einsicht auf den Punkt gebracht: Menschen erkennen ihre eigenen Begrenzungen nicht, da sie nicht selten dazu neigen, ihre eigenen Eigenschaften und Fähigkeiten deutlich zu überschätzen. Wohl aber ihre Mitmenschen erkennen die „Dummheit" und leiden häufig darunter. Mit diesem so genannten *„Dunning-Kruger-Effekt "* – der besagt: *„Je inkompetenter jemand ist, desto weniger ahnt er es. "* – geht meistens einher, dass solche Menschen umgekehrt die Fähigkeiten von tatsächlich kompetenten Personen nicht erkennen, da sie diese unterschätzen.

Sind persönliche und gesellschaftliche Veränderungen im Denken und Handeln notwendig, dann ist es unverzichtbar, dass am Anfang die ehrliche Selbsterkenntnis steht: beherzt in der Durchführung, tabulos in Bezug auf Inhalte, unbestechlich bei der Aufarbeitung, klar und besonnen im Ergebnis. Die eigene Person mit ihren Bedürfnissen, Zielen und Verpflichtungen, mit ihren Stärken und Schwächen, mit ihren Erfolgen und Misserfolgen, die eigene Wahrnehmung, das eigene Denken, die eigene Lernfähigkeit und das eigene Handeln müssen hinterfragt, beurteilt und bei Bedarf entschieden korrigiert werden. Bei diesem Prozess spielen sowohl Selbstkritik als auch die angemessene Berücksichtigung konstruktiver Kritik durch Dritte – zum Beispiel durch Familie und Freunde, durch Lehrer und Kollegen – eine unverzichtbare Rolle, wenn man nicht fortgesetzt seinen eigenen Fehleinschätzungen auf den Leim gehen möchte.

♦ Gelingende Selbsterkenntnis setzt die Kritikfähigkeit der kritisierenden und der kritisierten Person voraus. Kritikfähigkeit „in beide Richtungen" ist heutzutage eine unverzichtbare soziale Kompetenz.

Auch in Bezug auf die gesellschaftlichen Zusammenhänge ist einerseits ein tabuloses, aber aber andererseits ein besonnenes Hinterfragen unverzichtbar. Alle Traditionen, Bräuche und Gewohnheiten einer Gesellschaft gehören auf den Prüfstand: die verpflichtenden und die liebgewonnenen.

Ohne die grundlegende Selbsterkenntnis – in Bezug auf die eigene Person und die Gesellschaft – lassen sich die zahlreichen Probleme zu Beginn des 21. Jahrhunderts nicht lösen. Man muss dazu bereit sein, der Wirklichkeit klar ins Auge zu sehen und auch aus anderen Perspektiven zu lernen. Nur so lässt sich das Bild von sich und der Wirklichkeit ergänzen und aktualisieren. Bereits an diesem Punkt ist fruchtbare Kooperation unerlässlich.

Nach Alexander Gerst, deutscher Astronaut, ist die eigene Sichtweise immer unvollständig. *„Ein Tag, an dem man etwas Neues entdeckt hat, über seinen Horizont hinaus geschaut hat, ist ein guter Tag."* *(„Liebe Enkelkinder ... ", 25.11.2018, Alexander Gerst; nach video auf Welt.de, 19.12.2018)*

Geht es um die Selbsterkenntnis, die über die sozial-psychologischen Dimensionen hinausgeht, geht es also um die tiefe Erkenntnis des eigenen Selbst, dann sind eigene spirituelle Erfahrungen unersetzbar. *(Beachte in diesem Zusammenhang das Thema „Spirituelle Intelligenz" im Handbuch „Kognitive Revolution" oder im Band Terror sapiens III, Walter Krahe, 2018 und 2017)*

Die Neigung der Menschen zur Einseitigkeit

Der Homo sapiens hat in seiner evolutionären Entwicklung

seine ursprünglich tiefe Sehnsucht nach Eindeutigkeit,

also nach unmissverständlicher, fassbarer Wahrheit,

beantwortet mit innerem Zwang zur Einseitigkeit,

den Blick auf nur eine Seite der Wirklichkeit,

denn die erscheint frei von Widersprüchen,

täuscht aber die Eindeutigkeit nur vor,

denn mit der ganzen Wirklichkeit

hat sie nur unzureichend zu tun.

Menschen neigen dazu, die unglaubliche Vielfalt der Wirklichkeit gnadenlos zu vereinfachen, um diese besser erfassen, denken und berücksichtigen zu können und das vielfach bis heute. In der Wirklichkeit verfügen Dinge über viele, sogar über gegensätzliche Eigenschaften, was der Mensch in der Regel ausblendet. Die Welt versucht er mit begrenzter Mathematik und „mit Geodreieck" zu vermessen. Dabei ist er noch nicht einmal in der Lage, die genaue Länge einer Küstenlinie exakt zu vermessen, denn in der Natur gibt es in Wirklichkeit keine geraden Linien. Ähnlich wie bei einem hängenden Vorhang gibt es sehr viele Einfaltungen: je genauer die Messung, desto länger die gemessene Länge der Küstenlinie.

Das Faible des Homo sapiens für einseitige Weltsichten wurde vor etwa 2.350 Jahren (!) vom griechischen Philosophen Aristoteles quasi in Stein gemeißelt. Seine wesentlichen Aussagen zu den Grundsätzen logischen Denkens sind noch heute absolut verbindlich für die vorherrschende Logik. Das „Entweder-oder-Denken" als verbindliche Logik war geboren. Demnach ist etwas **entweder so oder nicht so, eine andere Möglichkeit wird kategorisch ausgeschlossen.** Dabei weisen ungefähr seit einhundert Jahren Erkenntnisse der Physik daraufhin, dass ein und der gleiche Gegenstand über gegensätzliche Eigenschaften verfügen kann (z. B. ist Licht Materie und Welle), etwas, was nach der aristotelischen Logik streng genommen inakzeptabel ist. Die Tatsache der Komplementarität, quasi der „Gegensatzergänzung" in einer einzigen Sache, wird aber im Denken außerhalb der Physik bis heute noch immer nicht berücksichtigt, obwohl diese auch dem gesunden Menschenverstand alles andere als fremd ist.

♦ Im 21. Jh. lässt sich in fast allen Lebensbereichen erkennen, welch unselige Folgen die fortgesetzte Einseitigkeit hat. Gebraucht werden Vielsichtigkeit und Globale Intelligenz – also der kluge Umgang mit der Vielfalt.

Die Gefährlichkeit geschlossener logischer Systeme

Das Axiom
Grundprinzip, Prämisse, Paradigma, Grundaxiom:
Die Grundannahme ist meist ein Glaubenssatz,
ein als wahr erachteter Grundsatz,

der unbewiesen ist und unbewiesen bleibt,
der als Ausgangspunkt auf jedwedes Abgeleitete
dennoch den alles entscheidenden Einfluss hat.
Einseitigkeit in diesem Kontext
kann verheerend sein.

Einseitige Grundannahmen
sind unvollständige Fundamente
und damit begrenzte Ausgangspunkte
mit einer beschränkten Zahl an Faktoren.
Logisch darauf aufbauende Schlussfolgerungen
führen zu einem begrenzten, in sich geschlossenen System.
Gedanklich bewegt man sich dort wie ein Hamster im Laufrad,
gefangen inmitten der Einseitigkeit mit der Illusion von Freiheit

Eine komplexe Grundannahme
ist ein vielschichtiges Fundament,
ein uneingeschränkter Ausgangspunkt
mit einer großen Zahl vielfältiger Faktoren.
Darauf aufbauende logische Schlussfolgerungen
führen zu einem nach allen Seiten offenen System.
Gedanklich bleibt man frei, umfassend und realitätsnah,
inmitten der komplexen Wirklichkeit kreativ und konstruktiv.

Als wenn das Unheil, das durch einseitige Weltsichten auf Dauer angerichtet wird, nicht schon groß genug wäre, werden die negativen Auswirkungen durch sogenannte geschlossene logische Systeme, die auf einseitigen Grundannahmen basieren, noch um ein Vielfaches potenziert.

Der Wahnsinn des Homo sapiens, der Terror sapiens, erklärt sich also
nicht nur durch einseitige Standpunkte allein, sondern entstammt häufig

kompletten Denksystemen, die auf einseitigen Grundlagen fußen, von denen alles andere Schritt für Schritt völlig logisch abgeleitet wird. Ist aber die Grundlage falsch, dann ist das darauf basierende System ebenfalls falsch, was katastrophale Konsequenzen nach sich ziehen kann.

Geschlossene logische Systeme haben die Macht, alle Regeln menschlich anständigen Verhaltens außer Kraft zu setzen, denn z. B. der gewählte Weg des Terrors ist im einseitigen Denksystem vollkommen logisch. Man fühlt sich im Recht. Die aus der Sicht eines Selbstmordattentäters ehrenwerte Absicht – als höchsten Gottesdienst sein Leben für seinen Gott hinzugeben – wird in der Wirklichkeit ins grausame Gegenteil verkehrt: vom eingeredeten Positiven in die schrecklichste Perversion überhaupt. In der Geschichte der Menschheit gibt es sehr viele sehr erschreckende Beispiele für das „reibungslose" Funktionieren geschlossener logischer Systeme – bis hin zum als legitim empfundenen Blutrausch. Kein Krieg, keine Diktatur, kein Terrorregime, kein Volksverführer kommt ohne dieses Prinzip aus. Wahnvorstellungen werden so legitimiert. *[Eine tiefergehende Beschreibung dieses Phänomens findet sich in den Bänden „Terror sapiens II – Terror ist logisch" und in „Das Ende des Wahnsinns – Globale Intelligenz statt Terror sapiens", W. Krahe].*

♦ Geschlossene logische Systeme können zum Fluch der Menschen werden. Der Versuch, innerhalb solch eines Systems irgendetwas zu verändern kann immer nur Stückwerk sein und ist zum Scheitern verurteilt. Es gibt nur den einen Weg: Man muss solch ein System komplett verlassen, wenn es in seiner Wurzel schlecht ist. Das Ausbessern einzelner Aspekte ist reine Zeit- und Energieverschwendung und nur Ablenkung von dem alles entscheidenden Schritt, der wirklich anliegt: Raus aus dem System!

Das gilt für alle einseitigen geschlossenen Systeme – auch wenn sie noch so mächtig sind – wie z. B. die vorherrschende Logik und das die Welt beherrschende Wirtschaftssystem. Die Komplexheit eines Systems darf einem nicht von der Erkenntnis ablenken, dass die Quelle allen Übels stets die kranke Wurzel ist. Jedwede Wurzelbehandlung ist zwecklos. Einzig eine vielschichtige Basis kann vom Fluch der Einseitigkeit befreien.

Das heimtückische an geschlossenen logischen Systemen ist, dass alle noch so schlüssigen Gegenargumente von außen wirkungslos verpuffen, solange sich jemand der inneren Logik *[oft voller Überheblichkeit dauergrinsend]* verschrieben hat. Die einzig reale Chance für so jemanden ist, mit eigenem Abstand und mit fremder Hilfe die fehlerhafte Grundlage zu erkennen und das System zu verlassen. Nur dann ist es „ein guter Tag"!

Die Prämisse: Der Homo oeconomicus

„Gier ist gut. Gier ist richtig. Gier funktioniert. Gier in all ihren Formen – die Gier nach Leben, nach Geld, nach Liebe, nach Wissen – hat die Entwicklung der Menschheit geprägt", so ein Zitat aus dem Film *„Wall Street"* (Der Finanzhai Gordon Gekko, alias Michael Douglas, in einer Ansprache an Firmenaktionäre im Film „Wall Street", USA, 11.12.1987, u. a. von Oliver Stone)

Dieser Ausspruch wurde einer Rede des Wallstreet-Millionärs, Ivan Boesk, 1986, nachempfunden: *„Übrigens ist Gier in Ordnung. Ich will, dass ihr das wisst. Ich denke, Gier ist gesund. Man kann gierig sein und dennoch mit sich im Reinen."* ("True Greed", Newsweek, 1.12.1986, S. 48)

Dagegen Papst Franziskus in seiner Predigt am 24.12.2018: *„Der Mensch ist gierig und unersättlich geworden. ... Eine unersättliche Gier durchzieht die Menschheitsgeschichte, bis hin zu den Paradoxien von heute, dass einige wenige üppig schlemmen und so viele kein Brot zum Leben haben. ... Wir müssen den Gipfel des Egoismus überschreiten."* (zeit.de)

Der Film „Wall Street" ist eine massive Kritik an dem immer zügelloser werdenden Finanzkapitalismus und zeigt die moralische Verkommenheit skrupelloser Spekulanten an der Börse. Das erinnert an die Geschichte mit dem verlosten Esel, die es in vielen verschiedenen Versionen gibt. Im Folgenden eine eigene kurze Zusammenfassung: *Ein Bauer kauft einen Esel für 100 €, der allerdings schon kurze Zeit später tot ist. Bedauerlicherweise bekommt er vom Verkäufer kein Geld zurück. Da kommt der Bauer auf die rettende Idee: Er verkauft 500 Lose zu je zwei EUR, also für insgesamt 1.000 €, um einen angeblich lebenden Esel zu verlosen. Bei dem Gewinner des in Wirklichkeit schon längst toten Esels entschuldigt er sich anschließend und zahlt ihm seine 2 € Losgebühr zurück. So macht der Bauer aufgrund seiner Schläue am Ende einen beachtlichen Gewinn.*

Mit dieser Geschichte sollen weltweite Finanzmarkts-Praktiken angedeutet werden. In der Wirklichkeit wird tagtäglich an den weltweiten Börsen von wenigen tausend Spekulanten mit gewaltigen Summen jongliert, die das Potenzial haben, ganze Volkswirtschaften ins Unglück zu stürzen und z. B. die Preise für Grundnahrungsmittel übermäßig ansteigen zu lassen.

Wie kann es sein, dass die Menschheit das zulässt und sogar fördert?

Das Axiom der heutigen Weltwirtschaft ist der „Homo oeconomicus".

Die Bundeszentrale für politische Bildung bietet die folgende Definition des Homo oeconomicus an: *„Modellvorstellung der Wirtschaftstheorie eines idealen, ausschließlich nach wirtschaftlichen Gesichtspunkten denkenden und handelnden Menschen. Der Homo oeconomicus kennt nur ökonomische Ziele und ist besonders durch Eigenschaften wie rationales Verhalten, das Streben nach größtmöglichem Nutzen (Nutzenmaximierung), die vollständige Kenntnis seiner wirtschaftlichen Entscheidungsmöglichkeiten und deren Folgen sowie die vollkommene Information über alle Märkte und Eigenschaften sämtlicher Güter (vollständige Markttransparenz) charakterisiert. Das Ideal des Homo oeconomicus dient dazu, elementare wirtschaftliche Zusammenhänge in der Theorie durchsichtig und ohne praktische Unzulänglichkeiten beschreiben zu können.“* *(Duden, Wirtschaft von A bis Z, 6. Aufl. Mannheim, Bibliografisches Institut 2016; Lizenzausgabe Bonn: Bundeszentrale für politische Bildung 2016)*

Was aber bedeutet das? Für die traditionellen Wirtschaftswissenschaften ist die Sache immer noch ganz klar: Das in der Theorie benutzte fiktive Modell des Menschen ist – rückübersetzt in die Lebenswirklichkeit – der Mensch als geborener Egoist, der grenzenlose Bedürfnisse hat und nur seine eigenen Interessen verfolgt. Dabei versucht er, bei allem, was er tut, rational kalkulierend mit kleinstmöglichem Einsatz bzw. mit bestmöglicher Nutzbarmachung des Vorhandenen den größtmöglichen Nutzen bzw. Gewinn zu erzielen. Was man normalerweise Habgier nennt, nennen die Ökonomen „Nutzenmaximierung“ bzw. „Gewinnmaximierung“ und sehen darin die oberste Tugend eines wirtschaftlich handelnden Menschen. Genau das entspricht dem Menschenbild des Homo oeconomicus. Der Mensch als rationaler Nutzenmaximierer denkt und handelt demnach stets nach ökonomischen Gesichtspunkten. Als fiktiver ökonomischer Idealtypus stellt er eine völlige Vereinfachung bzw. Vereinseitigung der komplexen Lebenswirklichkeit dar und ist in derart geistig-emotionaler Schlichtheit allerdings die Grundlage aller ökonomischen Lehrsätze und den auf mathematischen Berechnungen basierenden Wirtschaftsmodellen. Dieses ausnahmslos primitive Menschenbild ist also der alles bestimmende Ausgangspunkt der heutigen Wirtschaftsordnung, in deren geschlossenem logischem System Nutzenmaximierung bzw. Gewinnmaximierung – im Volksmund grenzenloser Egoismus genannt – der Motor allen Geschehens ist, und zwar in jedem Bereich – bis hin zum egoistischen Gen – zumindest so lange man sich dem Homo oeconomicus als alles bestimmendem Grundaxiom ausliefert und sich unbeirrt weigert, das System zu verlassen.

Bei der Begründung ihrer Menschensicht berufen sich die Ökonomen immer noch auf das falsch interpretierte Hauptprinzip der frühen Evolutionslehre: *„Survival of the fittest"*, das seinerzeit in der Hinsicht erklärt wurde, dass vor allem die Stärksten in der Evolution erfolgreich waren und überlebten. So bestimmte man das *„Recht der Stärkeren"* als gesellschaftliches Grundprinzip – bis heute trotz anderslautender Erkenntnisse.

Der Philosoph, Pädagoge und Psychologe, Eduard Spranger (1882-1963), beschrieb 1914 in seiner Psychologie der Typenlehre den Homo oeconomicus – die Bezeichnung trat wohl erstmals 1906 bei Vilfredo Pareto auf – folgendermaßen: *„Der ökonomische Mensch im allgemeinsten Sinne ist also derjenige, der in allen Lebensbeziehungen den Nützlichkeitswert voranstellt. Alles wird für ihn zu Mitteln der Lebenserhaltung, des naturhaften Kampfes ums Dasein und der angenehmen Lebensgestaltung."*
(*„Lebensformen – Geisteswissenschaftliche Psychologie und Ethik der Persönlichkeit"*, E. Spranger, Tübingen 1950, S. 148)

In der heutigen Zeit, in der die Zweifel an dem in dieser Ausprägung durch und durch asozialen Menschen immer lauter werden, versäumen es die Ökonomen nicht, die Notwendigkeit zur Vereinfachung ihrer gewählten Prämisse aus mathematischen Gründen zu betonen. Diese stelle keine Handlungsanweisung dar, sich als gewöhnlicher Mensch auch derart egoistisch zu verhalten. Wie abgehoben kann eine Wissenschaft bloß sein?

Auch der britische Ökonom und Wirtschaftsjournalist, Martin Wolf, vertritt diesbezüglich eine völlig andere Sicht: *„Vielleicht haben sich die Menschen in ihren Empfindungen und Werten sogar ein Stück weit dem Modell des verhärteten, nur auf Profitmaximierung ausgerichteten Homo oeconomicus angenähert. Wirtschaftswissenschaftler verdrängen das gerne und halten sich an der Illusion fest, ihre Gegenstände seien unveränderlich wie in einer Naturwissenschaft und eben nicht gesellschaftlich geprägt.* (*„Jenseits des Homo oeconomicus – Wirtschaftsweise ratlos?"*, Martin Wolf im Gespräch mit Stefan Fuchs, 13.11.2011, deutschlandfunk.de)

Mit der Gier aber ist das so eine Sache (s. Duden): Als *„maßloses Verlangen"* bzw. als *„ungezügelte Begierde"* gelebt, ist sie äußerst asozial – mit verheerenden Folgen. Allerdings als Verlangen verstanden, das in jeder Situation die Verhältnismäßigkeit und die Interessen anderer beachtet, ist sie seit jeher wichtiger Antrieb des Menschen. Der Homo oeconomicus mit seiner plumpen Einseitigkeit und Undifferenziertheit hat ausgedient!

Die Kapitalistische Marktwirtschaft

Die kapitalistische Marktwirtschaft baut als geschlossenes logisches System auf Axiomen auf. Dabei steht im Mittelpunkt das Menschenbild des Homo oeconomicus. Dieses wird u. a. flankiert durch die Voraussetzungen des Privatbesitzes (Kapital) und des freien Marktes (Markt). Obwohl die Begriffe „Kapitalismus" und „Marktwirtschaft" ganz verschiedene Aspekte eines viel umfassenderen Systems beinhalten, werden sie in ihrer alltäglichen Verwendung dennoch häufig als Synonyme benutzt. Gemeint ist damit dann allerdings jeweils das komplette Wirtschaftssystem. Zu den oben genannten Voraussetzungen zählt auch das Dogma der Unersättlichkeit. Danach werden die Bedürfnisse des Menschen als grenzenlos erklärt. Bedingt durch die eigene Lust nach mehr, vor allem aber auch durch geschicktes Marketing entscheidend beeinflusst (Bedürfnisweckung), also durch von außen eingeredete Bedürfnisse – verlangt der Mensch nach immer mehr Mitteln zur Befriedigung seiner Wünsche, was zugleich einen permanenten Wachstumsanspruch an das wirtschaftliche Geschehen darstellt. Durch die „ewig Nimmersatten" wird so das Wirtschaftswachstum ins Unendliche verlegt. Wachstum ist heutzutage unverzichtbarer Motor.

Geschlossene logische Systeme können gewaltige Ausmaße annehmen – so auch die kapitalistische Marktwirtschaft, die heutzutage selbst für Spezialisten als nahezu unüberschaubar gilt. Dennoch basiert alles auf den getroffenen Voraussetzungen (Axiomen). Erweisen sich diese als fehlerhaft bzw. als unzureichend oder als falsch, dann sind dies auch alle logischen Ableitungen daraus, sogar dann, wenn das System riesengroß ist. Reparaturen innerhalb des Systems sind daher zwecklos. Die Ausgangspunkte müssen als Grundübel erkannt, anerkannt und ersetzt werden.

Im Rahmen der Schriftenreihe Globale Intelligenz und im Rahmen dieses Handbuchs geht es genau um diese grundsätzliche Erörterung mit dem Ziel, sinnvolle neue Ausgangspunkte zu benennen und so die Richtung für zukünftige Entwicklungen vorzugeben. Möglichst viele Menschen in möglichst vielen Lebensbereichen sollen so dazu ermuntert werden, das Neue zu denken und dieses dann kraft ihrer Kompetenz Schritt für Schritt mit umzusetzen. Das Handbuch Soziale Revolution versteht sich als Kristallisationspunkt für die dann unverzichtbare globale Kooperation zur Implementierung eines wesentlich intelligenteren Wirtschaftssystems.

Das Wohl

Das harmonische Miteinander und das Wohl aller Menschen
sind gleichermaßen Ziele von Kapitalismus und Kommunismus.
Allerdings sind die Vorstellungen vom Weg dorthin völlig unterschiedlich.
Die Lebenswirklichkeit beweist, dass keines dieser „einäugigen Modelle",
die Menschen je an ihr hehres Ziel zu geleiten vermochte bzw. vermag.
Bei zwar hoher Effizienz, aber unzureichender Nutzenverteilung
steht der Kapitalismus für gewaltige soziale Ungleichheit.
Bei niedriger Effizienz, allerdings ausreichender Nutzenverteilung
steht der Kommunismus für die Vergewaltigung persönlicher Freiheit.
So ist in der Zukunft ein vielsichtigeres Bild vom Menschen gefragt:
Freiheit und Verantwortung, Einzelperson und Gesellschaft,
Egoismus und Altruismus verlangen kluge dynamische Ausgewogenheit,
bevor die Menschen jemals harmonisch miteinander leben können,
und zwar in Würde und Freiheit zum Wohle aller.

Das System

Das Gabler-Wirtschaftslexikon definiert die kapitalistische Marktwirtschaft folgendermaßen *(wirtschaftslexikon.gabler.de, Prof. Dr. Dirk Sauerland)*:

„Wirtschaftsordnung, in dem die folgenden zwei Kriterien erfüllt sind:

1. Eigentumsform: Das Eigentum an den Produktionsmitteln ist grundsätzlich privat (Kapitalismus)

2. Koordinationsmechanismus: Die dezentral aufgestellten Pläne werden mithilfe des Preismechanismus auf dem Markt koordiniert. "

Der Markt wird als „Ort" angesehen, an dem Anbieter und Nachfrager im Wettbewerb, der als Motor und Regulator des Marktgeschehens gilt, aufeinandertreffen. Wie aber funktioniert das System Marktwirtschaft auf der Basis des Homo oeconomicus und den anderen Voraussetzungen?

Im Magazin „Spektrum der Wissenschaft" wurde das folgendermaßen beschrieben: *„Man soll den Menschen die größtmögliche Freiheit geben, ihren eigenen Vorteil zu verfolgen; denn genau dadurch wird die Effizienz* *des Wirtschaftssystems maximal. Der Markt steuert die Aktionen seiner Teilnehmer so, dass gesamtwirtschaftlich mit dem geringsten Aufwand der größte Nutzen erzielt wird."* („*Das Urlauberdilemma", Kaushik Basu, 27.7.2007, spektrum.de, S. 82ff; Spektrum der Wissenschaft 5/2004, S.60*)

Die Formulierung „*Der Markt steuert die Aktionen seiner Teilnehmer"* ist für den Laien missverständlich, da der Eindruck erweckt wird, als würde etwas gezielt gesteuert. Das aber ist überhaupt nicht der Fall, geht es doch um das freie Spiel der freien Kräfte innerhalb der freien Marktwirtschaft. Diese unter Ökonomen gängige Formulierung ist u. a. zurückzuführen auf die unsägliche „Vision" von einer „Invisible Hand", einer unsichtbaren Hand sozusagen, die z. B. nach Adam Smith, dem Vater der klassischen Nationalökonomie, in Gestalt des hochwirksamen Konkurrenzmechanismus des freien Marktes (dem Gesetz von Angebot und Nachfrage) am Ende angeblich zum Wohl aller führen soll. Überlässt man also die Menschen – von staatlichen Regeln möglichst befreit – ihrem egoistischen Treiben, dann sollen am Ende vorgeblich alle zufrieden sein. *[Adam Smith, 1723-1790, Prof. für Moralphilosophie, Hauptwerk „Wohlstand der Nationen"]*

Im Gabler Wirtschaftslexikon werden die Grundlagen der klassischen Wirtschaftslehre wie folgt beschrieben: „*Objekt der klassischen Analyse ist das wirtschaftliche Handeln des Individuums, das vor allem durch Eigennutz erklärt wird (utilitaristischer Ansatz). Präzisiert wird diese Vorstellung durch das Bild des Homo oeconomicus. Smith versuchte zu zeigen, dass das eigennützig handelnde Individuum nicht nur die eigene Wohlfahrt vermehrt, sondern auch dem allgemeinen Wohl dient. Auf diese Sicht gründet sich die Forderung des klassischen Liberalismus nach individueller Freiheit bei weitestgehender Zurückhaltung des Staates (Laissez-faire-Prinzip), dessen Hauptaufgabe in der Sicherung der Freiheit des Einzelnen sowie der Schaffung eines ordnungspolitischen Rahmens besteht. Voraussetzung dafür, dass das individuelle Streben nach Eigennutz tatsächlich auch das Gemeinwohl fördert, ist das Vorhandensein eines wirksamen Konkurrenzmechanismus, das Smith mit dem Bild der unsichtbaren Hand (Invisible Hand) veranschaulicht. Das Konkurrenzgleichgewicht (Marktgleichgewicht) wird so automatisch erreicht."* („*Klassische Lehre", Gabler Wirtschaftslexikon, wirtschaftslexikon.gabler.de*)

An dieser Stelle nur ein ungefährer Überblick. Auf die allgemeine Unterscheidung zwischen Frühkapitalismus (ab dem 15. Jh.), liberalem Hochkapitalismus ("Manchester-Liberalismus" – ab dem 18. Jh.) und dem

Spätkapitalismus (ab Ende 19. Jh.) wird nicht weiter eingegangen, da es hier um das wesentliche Prinzip der kapitalistischen Marktwirtschaft geht. Am Anfang des Kapitalismus standen die Kaufleute. Seit dem 13. Jh. etwa gewannen sie in den großen Städten an Einfluss. Ihre Tätigkeit wurde geduldet, aber ihr Ansehen war eher gering, da u. a. nach der damals vorherrschenden scholastischen Wirtschaftslehre der Kirche reines Profitdenken abgelehnt wurde. Ab dem 16. Jh. entwickelten sich kapitalistische Organisationsformen immer mehr: größere Handels- und Kapitalgesellschaften und blühende Finanzgeschäfte prägten von nun an das Bild. Der durch die Kolonisation entstandene Überseehandel förderte im 17. und 18. Jh. den Aufstieg des Kapitalismus. Das Bank- und Börsenwesen nahm an Gestalt an. Die Wurzeln des ausgeprägten wirtschaftlichen Denkens liegen in der beginnenden industriellen Revolution ab der Mitte des 18. Jhs.

Unter Einsatz neuer Technologien (z. B. Dampfmaschine, Spinnmaschine, mechanischer Webstuhl, Baumwollreinigungsmaschine, Drehbank etc.) kam es zu einer gewaltigen Entfaltung der Wirtschaft und zu großen gesellschaftlichen Veränderungen: enormer Anstieg landwirtschaftlicher Produktivität, wirtschaftliche Konzentration – weg von der Landwirtschaft und hin zu Gewerbe und Handel – daraus folgende Trennung von Hausgemeinschaft und Arbeitsstelle, Auflösung der Familienverbände, damit einhergehend der Verlust einer familiär gesicherten Lebensversorgung, stärkere Abhängigkeit vom geldwirtschaftlichen Markttausch, Verstädterung, Ausweitung des Dienstleistungssektors, industrielle Massenproduktion, Aufspaltung der Bevölkerung in besitzendes Unternehmer- und unselbstständiges Arbeitnehmertum, dabei Umwandlung der Bevölkerungsmehrheit zu lohnabhängigen Arbeitnehmern neben der Entstehung eines neuen Großbürgertums, Arbeitsdisziplinierung, halbmilitärischer Charakter der Betriebsorganisation, starke Entwicklung des Finanzsektors etc. Die industrielle Produktion stieg unaufhaltsam und verdrängte andere gewerbliche Betriebsformen.

Diese Entwicklungen brachten derart gewaltige gesellschaftliche und technische Veränderungen mit sich, dass man sie im Umfang ihrer Auswirkungen mit dem Übergang des Menschen vom Jäger und Sammler zum sesshaften Vieh- und Ackerbauer vor etwa 10.000 Jahren vergleicht.

Durch die Industrialisierung und die Ökonomisierung des Lebensalltags erfuhren die Lebensart und die geistige Haltung einen tiefen Wandel.

Hiezu die Darstellung des Soziologen Gerhard Vowinkel (geb. 1946). Er beschreibt im Folgenden – mit Verweis auf das Werk *»Der moderne Kapitalismus«* von Werner Sombart *(1931, S. 258f)* – die gesellschaftlichen Veränderungen, die die neue Wirtschaftsordnung mit sich brachte: *"Im Mittelalter war wirtschaftliche Tätigkeit personal orientiert gewesen. Menschen wuchsen – nicht als wirtschaftliche Funktionsträger, sondern als individuelle, durch ihre Abstammung in soziale Beziehungsnetze eingebundene Personen – in Lebenszusammenhänge hinein, in denen die unterschiedlichen menschlichen Lebenstätigkeiten noch nicht voneinander differenziert waren. Das heißt, ihr wirtschaftliches Handeln konnte sich niemals nach vorwiegend wirtschaftlichen Gesichtspunkten richten. Es wurde dominiert durch die verwandtschaftlich-ständischen Bindungen. Die mit ihnen verbundenen Solidaritätspflichten waren wichtiger als Gewinn und Verlust. Mehr noch, alles Handeln nach Gesichtspunkten rein wirtschaftlicher Rationalität wurde als asozial und unmoralisch angesehen. Mit der Entstehung des Kapitalismus spalteten sich die Handel und Gewerbe treibenden Personen innerlich auf in Geschäfts- und Privatleute. Der Geschäftsmann nahm nicht mehr länger Rücksicht auf die Verpflichtungen des Privatmannes. Er kannte Verwandte und Freunde nicht mehr und orientierte sein Verhalten nur noch am wirtschaftlichen Erfolg, am Gewinn. Er nahm als Geschäftsmann keine Rücksicht auf andere Leute und erwartete keine von ihnen. ... Der Geschäftsmann, der seine private Person nicht aus dem Geschäft heraushalten kann, der bei Freunden kauft, statt beim billigsten Anbieter, der statt eines leistungsfähigen Fachmannes seinen Sohn zum Geschäftsführer macht, gefährdet das Unternehmen. Unternehmen, die solche Gefahren abwehren können, überleben diejenigen, die es nicht können."* *(„Verwandtschaft und was Kultur daraus macht", Gerhard Vowinkel, aus: „Zwischen Natur und Kultur", Stuttgart 1994, S. 60:)*

Diese Veränderungen, die bis heute unser Denken prägen, waren gewaltig. Ländliche und städtische Sozialstrukturen lösten sich auf, das politische und kulturelle Leben wurde den Erfordernissen leistungs- und marktorientierter Normen unterstellt. Viele Menschen wurden sozial entwurzelt und zu Opfern des städtischen Wohnungselends. Soziale Ungleichheiten wurden immer größer. Ein gewaltiger Arbeitsmarkt abhängiger Lohnarbeiter entstand. Arbeitszeiten zwischen 12-17 Stunden, Niedriglöhne, Arbeitslosigkeit, Massenarmut, Frauen- und Kinderarbeit außerhalb der Hausgemeinschaft unter ruinösen gesundheitsschädlichen Bedingungen zu Niedrigstlöhnen bei gleichzeitiger Arbeitslosigkeit der Männer waren Begleiterscheinungen. Diese Zustände bildeten den Ausgangspunkt für soziale Proteste und das Entstehen der Arbeiterbewegung. Gewerkschaften und Genossenschaften entstanden. Nach und nach konnten die katastrophalen Arbeitsbedingungen durch entsprechende Gesetze gemildert werden.

Auf der anderen Seite entstanden immer größere Unternehmen, deren wirtschaftliche Macht und deren politischer Einfluss immer grenzenloser wurde. Die Grundsätze eines freien Wettbewerbs, von dem man annahm, dass er aus dem Zusammenwirken individueller Eigeninteressen auf gleicher Augenhöhe zu einem für das Gemeinwohl optimalen Zustand führen würde, wurden so zunehmend außer Kraft gesetzt. Die Idee einer „vollkommenen Konkurrenz" im Wettbewerb etwa gleichstarker Marktteilnehmer, die alleine keinen Einfluss auf die Gestaltung der am Markt vorherrschenden Preise nehmen können, erwies sich zunehmend als Fiktion.

Immer wieder kam die Frage nach der Rolle des Staates auf: Soll dieser durch entsprechende Gesetzgebung lenkend in das Wirtschaftsgeschehen eingreifen, um die einseitige Zentrierung wirtschaftlicher Macht und die Ungerechtigkeiten in der Verteilung des Wohlstands zu beeinflussen? Oder soll sich der Staat aus dem Wirtschaftsgeschehen heraushalten und dem Einzelnen mit seinen Interessen als Mittelpunkt von Staat, Wirtschaft und Gesellschaft größtmögliche Freiheit gewähren?

Hierauf gibt es bis heute ganz unterschiedliche Antworten.

Nach dem Modell des Liberalismus soll der Staat die Wirtschaft den Einzelmenschen überlassen. Auf dieser Basis würde sich die Menschheit zu immer Höheren und Besseren entwickeln. Jeder, der sich bemühe, könne am Reichtum teilhaben. Die Wirklichkeit aber sah anders aus. Der ungehemmte Wettbewerb des sogenannten „Manchester-Liberalismus", in der Mitte des 19. Jahrhunderts, führte zu krassen materiellen Ungleichheiten.

Der Freiheitsbegriff des Liberalismus, der im Positiven die größtmögliche Freiheit aller Menschen und die Wahrung ihrer Würde beinhaltet, hat in der wirtschaftlichen Realität die Freiheit der Stärkeren zur Folge, die aufgrund ihrer wirtschaftlichen Potenz das tun und lassen können, was den eigenen Interessen am meisten entspricht. Eine grenzenlose Freiheit, die vom einseitigen Profitstreben eines "Homo oeconomicus" und eben nicht von üblicher menschlicher Rücksichtnahme geleitet wird, muss zwangsläufig in der Übermacht des Stärkeren enden, weil sie nicht den Ausgleich von Egoismus und Altruismus als Ziel beinhaltet – im Gegenteil.

♦ Der Glaube, dass ungehemmter Wettbewerb automatisch zum Wohlstand aller führt, ist ein völliger Trugschluss und muss als Blendwerk derer angesehen werden, die vom Wohlstand profitieren.

Sollte also der Staat nicht doch regulierend eingreifen und die wirtschaftliche Freiheit des Einzelnen durch staatliche Maßnahmen einschränken, um so einen höheren Grad an sozialer Gerechtigkeit zu erreichen? Im Zusammenhang mit dem „Dritten Weg" werden später staatliche Maßnahmen erörtert, die die Härten der reinen Lehre abzufedern vermochten.

Im Spannungsfeld von Freiheit und Verantwortung hat man sich einseitig zugunsten der Freiheit entschieden. Diese hat deutlichen Vorrang vor z. B. Gleichheit und Brüderlichkeit. Gleichheit wird als Gleichheit vor dem Gesetz verstanden, soziale Unterschiede aber werden hingenommen. Das Eigenwohl hat per System immer Vorrang vor dem Allgemeinwohl.

Es darf und soll nicht geleugnet werden, dass der Kapitalismus – vor allem auch im Vergleich mit dem Kommunismus – im Laufe seiner Entwicklung auch ungeheuren Wohlstand schuf und tatsächlich zu einem Wachstum des Volkseinkommens und ebenfalls zu einem spürbaren Anstieg des allgemeinen Lebensniveaus führte – am deutlichsten allerdings bei den jeweiligen Gewinnern des kapitalistischen Wettbewerbes. Dies sind innergesellschaftlich gesehen bestimmte vermögende Schichten der Bevölkerung und weltweit vor allem die Industrieländer. Verlierer sind immer die Armen, wobei es den Armen der reichen Länder immer noch wesentlich besser geht als den Armen der armen Ländern: Die Müllkippe eines reichen Landes hat eben mehr zu bieten als die eines armen Landes!

Die Armut ist nicht nur der „Lohn der Verlierer", sondern sie ist auch der entscheidende Grund dafür, dass man wegen fehlenden Startkapitals in der Regel auch zukünftig nicht zu den Gewinnern zählt. Das ist wie bei einem 100m-Lauf, bei dem die Besten stets mit großem Vorsprung starten dürfen. So ist die Logik des Systems, mit der unbezweifelbaren Folge, dass die Armen immer ärmer und die Reichen immer reicher werden. Es gab schon immer einige Gewinner und eine wesentlich größere Zahl an Verlieren. Europa und die USA gehörten lange Zeit zu den Gewinnern.

Jakob Augstein (geb. 1967), deutscher Journalist und Verleger, Miteigentümer der Spiegel-Verlag Rudolf Augstein GmbH & Co. KG, findet in seiner Kolumne, *„Steuerhinterziehung – Zur Hölle mit den Reichen"*, deutliche Worte: *„Wer reich ist und nicht teilen will, der muss gar keine Gesetze brechen. Die Gesetze sind ja für ihn gemacht. ... Steuern zahlen nur Idioten und Arme. Das System ist zutiefst krank. Es ist unmoralisch und unanständig. Die Wut darauf wächst. Sie sucht sich nur die falschen Ziele. Der Hass der Betrogenen gilt eher dem Kriegs- als dem Steuerflüchtling.* **Unser Planet ist ein Paradies für Arschlöcher.** *"* *(„Steuerhinterziehung – Zur Hölle mit den Reichen", Jakob Augstein, 6.11.2017, spiegel.de)*

An dieser Stelle soll auch nicht verschwiegen werden, dass Egoismus im Laufe der Menschheitsgeschichte schon immer in den schlimmsten Ausprägungen vorgekommen ist. Im antiken Griechenland zum Beispiel, das als „Wiege der westlichen Kultur" gilt, standen längere Zeit das Streben nach Perfektion und gegenseitige Konkurrenz im Mittelpunkt. Vor allem für die Männer, die an Helden gemessen wurden, galt es, stets der Erste zu sein und alle anderen auf möglichst vielen Gebieten zu schlagen. Bei den antiken Olympiaden (seit 776 v. Chr.), die seinerzeit weniger Spiele als vielmehr harte Wettkämpfe waren, zählten nur die Sieger. Nach dem Motto, Ruhm lässt sich nicht teilen, wurden bereits die Zweiten verachtet. Sie ernteten Spott und Schande. Der heutige Slogan, *„Dabeisein ist alles"*, wäre von den damaligen Griechen als völlig abwegig abgetan worden. *(„Die Welt der Antike, Griechische Mythologie", Guy Evan, BBC 2010, zdfinfo.de, 2014)*

Temporär gab es die einseitige Übertreibung des Egoismus schon immer, aber niemals mit dieser Perfektion und mit diesen verheerenden weltweiten Auswirkungen wie heute. Die kapitalistische Marktwirtschaft macht die Menschen zu Lebewesen, die sie in diesem Extrem nicht sein müssten.

Nach dem US-amerikanischem Ökonomen und Nobelpreisträger, Robert Shiller (geb. 1946), werden die Menschen im Kapitalismus täglich betrogen und ausgetrickst: *„Es ist offensichtlich, dass Unternehmen unsere Bedürfnisse manipulieren, um ihre Produkte zu verkaufen. Zu viel Moral kann man sich nicht leisten, sonst wird man von der erbarmungslosen Kraft des Kapitalismus hinweggefegt. Überleben können nur diejenigen, die bereit sind zu tricksen. Diese Menschen sind nicht per se ohne Moral, sie finden sich lediglich mit der Realität ab. Der Kapitalismus fördert Betrug, wenn man ihn nicht reguliert. Wenn jemand anderes trickst, musst du das auch."* *(„Wer im Kapitalismus zu moralisch ist, wird weggefegt", Philip Ziegler im Interview mit Robert Shiller, 9.9.2016, zeit.de)*

Ist es das, was die Menschheit im 21. Jh. selbstbestimmt immer noch will?

Kapitalismus und Wohlstand

Anmerkung: Als Nicht-Statistiker stößt man bei intensiver Recherche auf unterschiedliche Zahlen, sogar bei seriösen Institutionen. An dieser Stelle kann nicht entschieden werden, welche dieser Zahlen der Wirklichkeit am nächsten kommen. Es geht hier um ein Verständnis der Gesamtsituation.

"Der Milliardärs-Boom ist kein Zeichen einer florierenden Wirtschaft, sondern ein Symbol für das Scheitern der Wirtschaftsordnung", so Winnie Byanyima (geb. 1957), Oxfam-Direktorin (Quelle s. u.).

Vor ca. 60 Jahren lebten 3 Mrd. Menschen, heute sind es 7,7 Mrd., in 30 Jahren könnten es 10 Mrd. sein. Diese Menschen müssen ernährt und versorgt werden. Sie verursachen einen großen Ressourcen-Verbrauch und gewaltigen Abfall. Geschieht dies alles dann aber nicht längst äußerst ausgewogen und weitsichtig, werden als Folge von Nahrungsmittelknappheit und Umweltschädigung unbeherrschbare Zustände eintreten: Hunger- und Umweltkatastrophen, Kriege, riesige Flüchtlingsströme und weltweite Proteste. Es gibt keine „unsichtbare Hand", die einem dafür die Verantwortung abnimmt. Die Menschheit muss heute die Weichen stellen.

Eine Tatsache, die man schon übermäßig oft vernommen, aber nie wirklich realisiert hat und man deshalb nicht mehr hören will: Weltweit werden die Reichen immer reicher und die Armen immer ärmer. Die Unterschiede zwischen Reichen und Armen wachsen zunehmend. Auf der einen Seite liegt das statistische Durchschnittsvermögen weltweit mit 63.100 US-Dollar pro Erwachsenen inzwischen auf einem Rekordhoch. Wöchentlich erhöht sich die Anzahl im Club der Milliardäre. Ein Prozent der Menschen auf der Welt soll über mehr als die Hälfte des Weltvermögens verfügen – so eine aktuelle *[Anm. gegenüber früher offensichtlich korrigierte]* Zahl von Oxfam, einem internationalen Verbund von zahlreichen Hilfs- und Entwicklungsorganisationen. Andere Zahlen besagen, dass die reichsten 10% der Weltbevölkerung etwa 87,1% des weltweiten Vermögens besitzen. Laut „statista.com" verfügten im Jahr 2017 nur 0,8% der Weltbevölkerung über 44,8%. Dagegen besäßen nahezu zwei Drittel der Weltbevölkerung nur 1,9% des weltweiten Vermögens.

Diese Zahlen machen eines unbestreitbar klar: Die globale Vermögensungleichheit hat dramatische Formen angenommen. Man muss also gedanklich erst gar nicht zu den Anfängen der Industrialisierung zurückkehren, um das Versagen der kapitalistischen Marktwirtschaft in Bezug auf die Verteilung des Wohlstands zu begreifen. Es reicht, wenn man die heutige Wirklichkeit ungefiltert und vor allem tabulos zur Kenntnis nimmt.

Oxfam engagiert sich mit der internationalen Kampagne – *„Besser gleich! Schließt die Lücke zwischen Arm und Reich!"* – für die Überwindung der weltweiten sozialen Ungleichheit. Demnach leben im Unterschied zu den Superreichen etwa 700.000.000 Menschen mit weniger als 1,90 $ pro Tag (= 693,50 $/Jahr). Die Hälfte der Weltbevölkerung verfüge über nur 2-10 $ pro Tag (= max. 3.650 $/Jahr). Ein Vorstandsvorsitzender von einem der fünf größten Modekonzerne der Welt verdiene in nur vier Tagen so viel wie eine Näherin in Bangladesch in ihrem ganzen Leben. Durch Steuertricks würden viele der Reichen insgesamt ca. 200 Mrd. Dollar sparen. Dadurch entgingen alleine den Entwicklungsländern bis zu 170 Mrd. Dollar. Das seien 25 Mrd. Dollar mehr, als weltweit insgesamt für Entwicklungshilfe ausgegeben werde. Ein Skandal! Was alles könnte mit diesen Unsummen geleistet werden, wenn sie den Staaten nicht an Steuern entgingen! Fakt ist: Den Reichen geht es immer besser, den Armen immer schlechter.

Oxfam nennt als Hauptgrund für diese Entwicklung das derzeitige Wirtschaftssystem, wonach die Profitinteressen einer kleinen Minderheit über dem Wohl der gesamten Gesellschaft stünden. Steuerzahlungen würden vermieden und Löhne gedrückt. Jörg Kalinski, der Kampagnenleiter von Oxfam Deutschland hierzu: *„Den Preis der Profite zahlen Milliarden von Menschen weltweit, die zu Löhnen, die nicht zum Leben reichen, schuften müssen und keinen Zugang zum öffentlichen Bildungs- und Gesundheitssystem erhalten."* Und an anderer Stelle: ***"Die massive soziale Ungleichheit ist ein Krankheitssymptom unseres Wirtschaftssystems."*** *(„Global Wealth Report 2018", 18.10.2018, Credit Suisse; agenda21-treffpunkt.de; „Reward Work, not Wealth", 22.1.2018, oxfam.de; Oxfam-Studie – Soziale Ungleichheit nimmt weltweit drastisch zu, Rolf Obertreis, 22.1.2018, www.tagesspiegel.de;„Weltweiter Zuwachs an Vermögen kommt vor allem den Super-Reichen zugute", 22.1.2018, welt.de)*

▪ Auch heute gibt es Sklaven, wie eine Dokumentation der ARD zeigt:

„Weltweit gibt es über 45 Millionen Sklaven, mehr als je zuvor in der Menschheitsgeschichte. Moderne Sklaverei hat viele Gesichter: Arbeits-, Sex-, Haushaltssklaven und Kindersoldaten. Die Sklaven müssen schwere Arbeit ohne Lohn verrichten und erleben extreme Gewalt und Brutalität."

Laut UN nimmt der weltweite Menschenhandel zu. 60% davon werden sexuell ausgebeutet. Sogar in Deutschland würden die Fälle mehr. *(„Slaves – auf den Spuren moderner Sklaven", Marc Wiese, 2016, WDR; („Bericht der UN: Opfer von Menschenhandel werden meist sexuell ausgebeutet", 6.1.2019, faz.net))*

♦ Wenn die Wohlhabenden dieser Welt immer mehr und immer Besseres für immer weniger Geld verlangen und deshalb die Produzenten immer mehr immer billiger anbieten und trotzdem höhere Profite erzielen, dann müssen die Arbeiter und die Natur dafür bluten. Nur so kann das gelingen.

• Nachdem das globale Finanzkapital Agrarflächen als profitables Geschäftsfeld entdeckt hat, existiert weltweit eine neu Form der Kolonialisierung: Land- und Ressourcenraub im großen Stil. Weltkonzerne fallen in ärmeren Ländern ein, vertreiben die dortigen Kleinbauern für ein paar Silberlinge und eignen sich so riesige Anbauflächen für ihre industrielle Mono-Kultur-Landwirtschaft an. Die Lebensgrundlagen der Menschen und ihr heimisches Ökosystem werden dabei gnadenlos zerstört. Auch Trinkwasser und andere Ressourcen werden hemmungslos geplündert. Bodenschätze gelten dort inzwischen als Fluch und nicht als Segen. Pervers! *(„Landraub", Film von Kurt Langbein und Christian Brüser, BRD, 8.10.2015)*

• Mangelernährung ist immer noch global das größte Gesundheitsrisiko. 2017 hungerten laut UN 821 Mio. Menschen, etwa jeder neunte. Laut Unicef stirbt alle 10 Sekunden ein Kind „an Hunger". Auch wenn sich die Situation durch Hilfsmaßnahmen in den letzten Jahren verbessert hat, so ist es eine verstörende Tatsache, dass die Menschheit schon sehr lange über alle notwendigen Mittel verfügt, um weltweit die Grundversorgung aller Menschen sicherzustellen. Es fehlt einzig an Einsicht und Willen.

♦ Man kann sich nicht oft genug die kaltherzige Asozialität des Homo oeconomicus vor Augen führen, also dessen gezielte Missachtung sozialer Mindestnormen aus eingeredeten wirtschaftlichen Gründen, damit man dann doch vielleicht dazu bereit ist, sich mit allen Konsequenzen einzugestehen, dass dieser Zustand der Menschheit weder zufällig noch gottgewollt ist. Das alles ist das Produkt einer menschgemachten asozialen Wirtschaftsordnung, die inzwischen negative Auswirkungen auf jeden einzelnen Lebensbereich hat und dringend ausgetauscht werden muss. Ginge es nach Oxfam, sollte man nicht nur die extreme Armut, sondern auch den extremen Reichtum überwinden, bedeute dieser doch ökonomische und politische Macht – die Macht über zahlreiche Medien sowieso.

Kapitalismus und Gesundheit

Nach der reinen Lehre
sind Märkte amoralisch und asozial.
Fairness und Fürsorge sind ihre Sache nicht.
Es werden vor allem diejenigen Bedürfnisse bedient,
die auf dem Markt den größtmöglichen Nutzen versprechen.
Das mögliche Leid vieler spielt bei Entscheidungen keine Rolle.
Wie lange noch?

♦ Geht es um das Wohl der Menschen, so misst sich dieses zuallererst an deren elementaren Lebensgrundlagen und an deren Gesundheit. Im 21. Jh. verfügt die Menschheit über beeindruckende medizinische Kenntnisse, Fertigkeiten, Mittel und Erfahrungen. Ein zunehmendes Problem aber ist die Unterwerfung der Medizin unter wirtschaftliche Gesichtspunkte.

Das Gesundheitssystem des Homo oeconomicus

▪ *Menschen werden krank, Menschen werden alt,*
ein jeder stirbt, viele davon in einem Krankenhaus.
Gibt es dann jemanden, der an meiner Seite steht und für mich da ist?
Das ökonomisierte Gesundheitswesen sieht das nicht vor,
denn mit dem Ende verdienen nur noch Bestatter und Floristen.

▪ *„In unserem Gesundheitssystem ist die Würde des Menschen,*
und damit meine ich die Würde der Patienten,
Ärzte, Schwestern und Pfleger,
weniger Wert als die Effizienz der Maschinerie. "

(Eine junge Ärztin, „Was für eine Ärztin bin ich bloß geworden?", 20.6.2018, spiegel.de)

- *„Lebend übernommen, lebend übergeben,*
wir versuchen nur noch das zu gewährleisten.
Es regiert der Wahnsinn hier. "

(Sabine Martens, Pflegerin seit zwanzig Jahren, „Pflegealltag in deutschen Kliniken –
»Es regiert der Wahnsinn«", Kristina Gnirke, 15.2.2018, spiegel.de)

- *„Die Situation an unseren Kliniken ist vielfach bereits katastrophal.*
Die Folgen der fehlenden Pflegekräfte
reichen bis hin zu schweren Komplikationen,
können sogar bis zum Tod von Patienten führen. "

(Michael Simon, Professor für Gesundheitspolitik an der Hochschule Hannover,
15.2.2018, spiegel.de, s. o.)

♦ In einem Gesundheitssystem, in dem die Patienten fast ausschließlich als Wirtschaftsgut angesehen werden und deren Krankheiten für möglichst gewinnbringende Behandlungsmaßnahmen herhalten müssen, in einem System, in dem sich die Aufmerksamkeit auf den Einzelnen nicht rechnet, verkommen Ärzte, Pflegekräfte, medizinische Einrichtungen und qualitativ hochwertige Therapien zum störenden Kostenfaktor. Infolgedessen ist eine angemessene Patientenversorgung längst nicht mehr gewährleistet. Behandlungsfehler aufgrund von zu hohem Stress sind keine Seltenheit.

Anmerkung: Die im Folgenden aufgezählten Missstände sind exemplarisch. Sie herrschen natürlich nicht überall vor. Man findet auch Qualität.

Beispielsweise seien seit 1955 mehr als 25.000 Pflegekräfte eingespart worden, obwohl der Pflegebedarf enorm gewachsen ist. Es gibt inzwischen viel mehr und vor allem auch viel mehr pflegebedürftige alte Patienten. Das Personal (auch Ärzte), oft sehr schlecht bezahlt, wurde mittlerweile weit über die Schmerzgrenze hinaus ausgedünnt. Für den einzelnen Patienten gibt es kaum noch Zeit. Immer häufiger sind unerfahrene Berufsanfänger in Notaufnahmen auf sich allein gestellt oder diese werden gleich ganz geschlossen. Für Ärzte und Patienten ist das untragbar!

Aufgrund fehlender Wirtschaftlichkeit werden reihenweise in kleineren

Krankenhäusern die Geburtenstationen abgeschafft, was vor allem auf dem Land zu dem Zustand führt, dass Gebärende z. B. über 40 km durchhalten müssen, um in einem Kreißsaal gebären zu können. Sogar die Versorgung durch mobile Hebammen ist längst nicht mehr gewährleistet.

♦ Werden Tod oder Behinderung bereits bei der Geburt riskiert, weil sich aus Nutzenerwägung die Versorgung entstehenden Lebens nicht rechnet?

Insgesamt wird die ärztliche Versorgung in zahlreichen ländlichen Gebieten immer schlechter. Ärzte dort berichten über unhaltbare Belastungen bei der Versorgung all der Patienten, getoppt durch unsägliche Bürokratie.

Implantate: Schindluder mit den Ersatzteilen

Das Geschäft mit so genannten „Stents", winzigen Metallröhrchen zum Offenhalten von Gefäßen, ist ein sehr lohnendes Geschäft. Laut Peter Sawicki, Facharzt für innere Medizin und Experte auf diesem Gebiet, zeigen Studien, dass für Patienten mit koronarer Herzerkrankung bei angemessener Medikation ein zusätzlicher Stent nichts bringe. Bei Berücksichtigung dieser Erkenntnisse müssten die entsprechenden Behandlungen mit Stents eigentlich zurückgehen. Die Tatsache aber ist, dass Deutschland mit 322.073 Patienten 2016 diesbezüglich Rekordland ist. Von einer „Nähe" zwischen Herstellern und Ärzten wird berichtet. *(„Kritik an Stents, Zweifelhafter Nutzen, hoher Preis", Markus Grill, 28.11.2018, tagesschau.de)*

Geht es um die medizinische Versorgung mit Implantaten, die das Leben vieler Menschen verbessern könn(t)en, so hat eine weltweite Recherche von mehr als 250 Journalisten unter den Namen *„The Implant Files"*, an der WDR, NDR und Süddeutsche Zeitung beteiligt waren, Erschreckendes aufgetan: Immer wieder brächten Firmen auch nutzlose oder sogar gefährliche Geräte auf den Markt. Auf auftretende Nebenwirkungen werde oft nur schleppend und vor allem im Verborgenen reagiert. Ärzte und Patienten bekämen so nur selten angemessene Informationen. Weltweit stürben Zehntausende und Hunderttausende litten an defekten „Ersatzteilen" wie Brustimplantaten, Hüft-, Knie- oder Bandscheibenprothesen und Herzschrittmachern, die dann massenweise wieder gefahrenreich operativ entfernt werden müssten. Die Recherchen zu diesen verheerenden Zuständen wurden von der niederländischen TV-Journalistin Jet Schouten ins Rollen gebracht. Sie hatte ein einfaches, handelsübliches Mandarinennetz als Vaginalnetz ausgegeben, das im medizinischen Original normalerweise bei Frauen mit Beckenboden-Problemen eingesetzt wird. Drei Prüfstellen, die üblicherweise von den Herstellern selbst ausgesucht und bezahlt werden, hatten eine Zulassung des Mandarinennetzes als medizinisches Implantat in Aussicht gestellt. So missbrauchen Hersteller und manche Ärzte Patienten als gewinnbringende „Versuchskaninchen". Die Politik schaut weg. („Implant Files – Sie fragten nicht einmal nach der Sicherheit unseres lächerlichen Produkts", Daniela Prugger, 26.11.2018, sueddeutsche.de; „Recherche zu Medizinprodukten – Gefährliches Geschäft mit der Gesundheit, 26.11.2018, div. Autoren, tagesschau.de)

Vernachlässigte Krankheiten

„Dort, wo kaufkräftige Kunden sind, dort wird investiert. Dort, wo wenig zu holen ist, dort wird nicht investiert", so lautet das Motto des Homo oeconomicus bzw. eines nach wirtschaftlichen Kriterien arbeitenden Unternehmens, so auch im Gesundheitswesen. Die Vorstellung, dass zum Beispiel die Pharmaindustrie aus humanitären, ethisch-moralischen Motiven handelt, ist völlig naiv und definitiv falsch. „Geld regiert die Welt!"

Aufgrund fehlender Kaufkraft gilt die Herstellung von Medizin z. B. gegen typische Krankheiten in tropischen Ländern (u. a. gegen Malaria, Bilharziose, Dengue, Lepra oder die Schlafkrankheit) – vor allem dann, wenn überwiegend Arme davon betroffen sind – als unrentabel und damit als vernachlässigbar. Man verzichtet ganz einfach auf die Produktion.

Am Beispiel der Herstellung von Antiseren gegen Schlangengifte wird dieses Dilemma besonders deutlich. Noch heute gibt es Länder in denen Schlangenbisse mit zu den häufigsten Todesursachen zählen. Laut WHO werden jährlich 2,7 Millionen Menschen durch Schlangen vergiftet, 100.000 sterben dadurch und ca. 300.000 überleben mit schwersten Behinderungen, die meisten davon in Süd- und Südostasien, Afrika und Lateinamerika. Angemessene Kleidung, z. B. schützende Schuhe, die für viele Arme unüberwindbar teuer sind, könnten wohl die meisten Bisse abwehren. Ebenfalls spielt der Zeitfaktor im Zusammenhang mit der Erreichbarkeit von Krankenstationen eine wichtige Rolle. In Nepal erreichen beispielsweise 80 von 100 Betroffenen nicht rechtzeitig den rettenden Arzt. Dabei ist wirksame Therapie durch das zeitnahe Verabreichen des passenden Gegenmittels im Grunde genommen relativ einfach, kostet allerdings aufgrund der erschwerten Herstellung pro Behandlung ca. 100 $ bis 300 $. Hinzu kommt, dass normalerweise je nach Schlange ein anderes Gegengift benötigt wird und den behandelnden Ärzten oft das nötige Wissen fehlt. Bis 2014 stellte der französische Pharmakonzern, „Sanofi Pasteur", das sehr effektive Gegengift „Fav-Afrique" her, das auf dem afrikanischen Kontinent sogar gegen das Gift von zehn verschiedenen Schlangen wirkte. Da der Markt u. a. durch viele unwirksame Billigprodukte kaputt gemacht worden sei, stellte das französische Unternehmen die Produktion des „Super-Serums" aufgrund von Unwirtschaftlichkeit 2014 ein. Auch Indien, wo allein 50.000 Menschen jährlich sterben, hat große Probleme mit Antiseren von zweifelhafter Qualität. Inzwischen hat die WHO reagiert: Sie lässt die Wirksamkeit von Gegenmitteln testen und will künftig ein Gütesiegel vergeben. Aber eingestellt ist und bleibt eingestellt! *(„Schlangenbisse – Die Schlange war's", Clara Hellner, 3.1.2018, zeit.de; „WHO warnt: Gegengifte für Schlangenbisse werden knapp", Nelle Rößler, 24.8.2017, dw.com)*

Das Ende wirksamer Antibiotika?

Selbst in reicheren Ländern, in denen die Kaufkraft zwar vorhanden, aber die Nachfrage nach einem Medikament – aus welchen Gründen auch immer – zu gering ist, wird seitens der Pharmaindustrie nicht nur die Produktion, sondern sogar gleich auch die Forschung eingestellt. So heutzutage bei einigen Konzernen bezüglich der extrem wichtigen Antibiotika.

Bei der Behandlung von Infektionskrankheiten, ausgelöst durch Bakterien, spielen Antibiotika seit der Entdeckung des Penicillins 1928 eine zentrale, unersetzbare Rolle. Bei der richtigen Behandlung werden Bakterien in ihrem Wachstum gedämpft und zum Absterben gebracht. Bakterien verfügen allerdings über die Fähigkeit, sich zu verändern, weiterzuentwickeln und ihre „Informationen" an andere Bakterien weiterzugeben. Kommen sie häufig in Kontakt mit Antibiotika, was in der Vergangenheit u. a. durch unverantwortlichen Missbrauch in der Massentierhaltung und durch viel zu häufige Verschreibung beim Menschen verursacht wurde, dann kann es sein, dass einige von ihnen eine Unempfindlichkeit gegenüber diesen Medikamenten entwickeln. Fortan sind sie also gegenüber den ihnen bekannten Antibiotika unempfindlich. Das bedeutet, dass die Antibiotika, die bei diesen Bakterien keine Wirkung mehr haben, komplett ins Leere laufen. Man nennt dies Antibiotikaresistenz. Infektionen durch resistente Bakterien sind also wesentlich schwieriger zu behandeln. Selbst leichtere, bisher gut behandelbare Infektionskrankheiten können deswegen plötzlich lebensbedrohlich sein. Benötigt werden dann andere Antibiotika, in der Hoffnung, dass eines von ihnen gegen die Bakterien wirkt.

Seit vielen Jahren werden deshalb sogenannte Reserve- Antibiotika gehalten, die nur in Notfallsituationen benutzt werden. Inzwischen aber ist die Menschheit an einem Punkt angelangt, an dem selbst diese Reservemittel häufiger keine Wirkung mehr zeigen. Laut WHO sterben infolgedessen bereits 700.000 Menschen jährlich. Deshalb dürfen heute neue, mit hohem Aufwand entwickelte Antibiotika zunächst nur als Reserveantibiotika in Notsituationen eingesetzt werden, damit sie als „neues letztes Pulver" nicht unnötig „verschossen" werden. Das aber rechnet sich selbst für große Konzerne nicht. So stellen immer mehr von ihnen die Antibiotika-Forschung ein – mit lebensbedrohlichen Folgen für weltweit jeden betroffenen Kranken, unabhängig von Herkunft, Rang und Kontostand. Ein jeder kann so zum Opfer des unverantwortlichen Profitdenkens werden.

Krank ohne Ende

▪ Von einer „Krebsmafia" wird berichtet, von korrupten Ärzten und Apothekern, die mit wirkungsarmen „Fake-Chemotherapien" Unsummen verdienen. *(„Wenn Krebs zum Geschäft wird", N. Schenck u. O. Schröm, 17.1.2018, zeit.de)*

▪ Martin Shkreli (geb. 1983) gilt inzwischen als skrupelloser Vertreter des sogenannten „Raubtierkapitalismus". 2015 wurde er dadurch bekannt, dass er – nachdem seine Firma Rechte an einem Medikament erworben hatte, das auch zur Behandlung von AIDS-Patienten eingesetzt wird – den Preis schlagartig von 13,50 $ auf 750 $ pro Tablette erhöhte. Aufgrund der äußerst negativen Konsequenzen für die betroffenen Patienten, erhielt er zahlreiche Kritik auch aus höchsten politischen Kreisen. Darauf reagierte er stets nur mit Hohn und Spott und rechtfertigte sich mit dem Argument, dass er lediglich die Spielregeln des Kapitalismus befolge, was ihn zum meistgehassten Manager der USA machte. (diverse Quellen, u. a.: „Martin Shkreli – Das ist der »meistgehasste Mann des Internets«", 6.8.2017, spiegel.de)

▪ Peter Gøtzsche, Kenner der Arzneimittelhersteller-Szene, fordert *„eine Revolution im Gesundheitswesen"*. Die Pharmaindustrie sei *„schlimmer als die Mafia"*. („Pharmaindustrie schlimmer als die Mafia", 6.2.2015, DAZ.online)

♦ Sollte immer noch jemand behaupten, die kapitalistische Marktwirtschaft würde für das Wohl aller Menschen sorgen, dann hat ihm entweder die „unsichtbare Hand" den Verstand geraubt oder er gehört zu den dreisten und verlogenen Nutznießern dieses menschenfeindlichen Systems.

„Fürsorgliche Wirtschaft" statt eiskalter Egoismus

Tania Singer *(geb. 8.12.1969)*, Neurowissenschaftlerin und Psychologin, von 2010 bis 2018 Direktorin am Max-Planck-Institut für Kognitions- und Neurowissenschaft in Leipzig, u. a. Autorin des Buches, *„Mitgefühl in der Wirtschaft: Ein bahnbrechender Forschungsbericht"* *(Tania Singer und Matthieu Ricard, Albrecht Knaus Verlag, 2.3.2015)*, beschäftigt sich u. a. auch interdisziplinär mit den Grundlagen für Kooperation und altruistisches Verhalten. Das begrenzte Menschenbild der Wirtschaftswissenschaften vom Menschen als Homo oeconomicus bezeichnet sie als veraltet und vereinfacht. Es entspräche nicht dem realistischen Bild vom Menschen, da die Fokussierung auf die Nutzenmaximierung als alleinigen Motivationsaspekt die Idee verschieden starker menschlicher Motive verkenne. Kein Mensch handele stets nur rational bzw. nur egoistisch. Menschen seien wesentlich komplexer (vielschichtiger), nicht frei von Widersprüchen und nicht besonders stabil in ihren Vorlieben. In der einen Situation kann sich ein und der gleiche Mensch – z. B. als Investmentbanker – sehr egoistisch, in einer anderen Situation – z. B. in seiner Rolle als Familienvater – äußerst altruistisch verhalten. Wollten die Wirtschaftswissenschaften auch in der Zukunft noch als Wissenschaft gelten und nicht fortan als (tendenziöses) Glaubenssystem eingeordnet werden, müssten die Ökonomen diese Erkenntnisse berücksichtigen und nicht weiterhin an ihrem veralteten Menschenbild festhalten. Die Erörterung des zugrunde liegenden Menschenbildes der heutigen Ökonomie sei entscheidend für die Zukunft nicht nur der Wirtschaftswissenschaften, sondern der ganzen Weltgesellschaft.

Tania Singer dazu in einem Artikel auf der Website des World Economic Forum: *„ Wir wissen jetzt, dass das der neoklassischen Wirtschaftstheorie zugrunde liegende Konzept des »Homo oeconomicus« – der Gedanke, dass wir im Wesentlichen selbstsüchtig sind, dass wir nur unsere eigenen Wünsche kennen und rational handeln, um unseren eigenen Nutzen zu maximieren – nur einen Teil unserer Natur beschreibt."* Die derzeitigen globalen Probleme ließen sich nicht einfach dadurch lösen, dass man gänzlich auf die von Adam Smith postulierte „unsichtbare Hand" vertraue, dass diese für eine bessere Welt sorge. *(World Economic Forum, How to build a caring economy, 24.1.2015, Tania Singer; durch google übersetzt: Wie man eine fürsorgliche Wirtschaft aufbaut)*

In dem Zeit-Artikel, *„Abschied vom Homo oeconomicus"*, wird Tania Singer folgendermaßen wiedergegeben: *„Das alte Narrativ muss mit einem realistischeren Menschenbild ersetzt werden, was auf psychologischen und neurowissenschaftlich Erkenntnissen beruht und dem man auch globale Kooperation und mehr Prosozialität zumuten kann."* (*„Abschied vom Homo Oeconomicus", Annika Reich, 12.8.2015, zeit.de*)

Die meisten Ökonomen wüssten, dass das Menschenbild des Homo oeconomicus eine Beschneidung der Wirklichkeit sei. Aber als Ausgangspunkt (Axiom) für ihre mathematischen Modelle sei eine derartige Einfachheit bzw. Schlichtheit notwendig. Letztendlich wird deshalb bis heute an der inzwischen weitverbreiteten Vorstellung des Homo oeconomicus festgehalten und diese nicht grundlegend hinterfragt.

In dem oben genannten Buch stellen weltweit führende Forscher Denkanstöße für eine Wirtschaft vor, die sich um den Menschen kümmert und so ein Gegengewicht schafft zu einer reinen Leistungs-, Macht- und Konsumorientierung. Der Begriff der *„Caring Economics"*, der *„Fürsorglichen Wirtschaft"* wird benutzt. Gemeint ist damit ein wirtschaftliches System, in dem die Berücksichtigung von Mensch und Natur eine zentrale Rolle spielt.

Tania Singer:*„Ich habe zum Beispiel eine Kooperation mit Dennis Snower, dem Präsidenten des Kieler Instituts für Weltwirtschaft, begonnen. Es geht um Caring Economics. Komischerweise wirft er mir keine Naivität vor, sondern, wenn überhaupt, werfe ich Ökonomen mit dem alten Menschenbild vor, dass sie naiv sind. Man kann doch nicht ernsthaft als Grundlage von heutigen Wirtschaftsmodellen ein Menschenbild annehmen, bei dem die Vorlieben schön stabil bleiben, das Verhalten frei von Gefühlen bestimmt wird und sich alles nur um den eigenen Nutzen dreht.* (*„Hirnforscherin Singer, »Wir müssen mehr fühlen«", U. J. Heuser, 29.5.2013, Zeit.de*)

Laut eben diesem Wirtschaftswissenschaftler und Präsidenten des Instituts für Weltwirtschaft in Kiel, Prof. Dennis J. Snower (geb. 1950), könnten die Ökonomen mit dem bisherigen Leitbild des Homo oeconomicus alleine keine Wege zu nachhaltigem Wohlergehen aufzeigen. *„Mit der Neurowissenschaftlerin und Psychologin Tania Singer habe ich begonnen, das neue Feld »Caring Economics« zu entwickeln und zu erforschen, wie ökonomische Ansätze zu ergänzen wären. ... Gelingt es uns, neben wettbewerblichen auch kooperative Ansätze zu etablieren, werden wir neue Lösungsansätze für Verhandlungen über globale Probleme wie Klima-*

wandel oder Finanzkrisen finden können, die kein Land für sich alleine lösen kann", so Snower. *("Zufriedenheit durch Konsumgüter – Besitz bedeutet nicht alles", Dennis J. Snower, 13.10.2014, sueddeutsche.de)*

Dem weltweit anerkannten Wirtschaftswissenschaftler geht es dabei selbstredend nicht darum, Marktmechanismen generell in Frage zu stellen *[Anm.: Wie könnte er das als anerkannter Wirtschaftswissenschaftler derzeit auch tun, ohne seine Glaubwürdigkeit im Kollegenkreis zu verlieren?]*, aber er verweist darauf, dass Ökonomen ihre klassischen Modelle ergänzen müssten. Inzwischen hätte sich das vereinfachte theoretische ökonomische Konstrukt des Homo oeconomicus sogar in weite Teile der Gesellschaft eingeschlichen und Menschen hätten dieses radikale Menschenbild zunehmend verinnerlicht. In Bezug auf eine Erweiterung ihrer Sicht stünden die Ökonomen aber noch ganz am Anfang. Sie bräuchten ergänzende Konzepte, die andere im Menschen verankerte Triebkräfte wie soziale Einbindung, Vertrauen und Mitgefühl nutzten. Dazu müssten sie mit anderen Disziplinen, die sich mit den Grundlagen menschlichen Verhaltens befassten, gemeinsam forschen.

Dennis Snower, der weltweit schon viele hochrangige Politiker beraten hat, äußerte in Bezug auf die Lernbereitschaft von Politikern in einem bemerkenswerten Interview mit dem Tagesspiegel, dass man darauf gefasst sein müsse, dass Politiker die Ratschläge nicht umsetzten. Sie täten eben dasjenige, wovon sie glaubten, dass sie damit die nächsten Wahlen gewinnen könnten. So sei eben die Politik. *"Zum Beispiel habe ich mit Gerhard Schröder, als er noch Kanzler war, lange über Reformen des deutschen Sozialstaats gesprochen. Er war wirklich interessiert an meinen Ideen. Letztlich meinte er, das Ganze sei für ihn komplett irrelevant, weil es nicht kommunizierbar sei. Damals begriff ich: Statt zu erklären, wie es funktioniert, hätte ich ihm erklären sollen, wie man es kommuniziert. Heute beherzige ich das"*, so der Wirtschaftswissenschaftler Dennis Snower. *("Umverteilung bringt einfach zu wenig", Barbara Nolte, 6.5.2018, tagesspiegel.de)*

Diese Anekdote macht deutlich, wie unglaublich wichtig nicht nur Veränderungen im wirtschaftlichen Bereich sind. Auch die Demokratie braucht dringend eine Neujustierung, damit zukünftig einerseits immer mehr Bürger verantwortungsvoll wählen und andererseits immer mehr Politiker ihrer eigentlichen Verantwortung – das Land so gut wie möglich nach den neuesten Erkenntnissen zu regieren – nachkommen und sich und ihr Handeln der gebotenen Vernunft unterordnen, anstatt sich im Interesse des nächsten Wahlerfolgs intellektuell zu prostituieren.

Kapitalismus und Natur

„Liebe Enkelkinder!

Ihr seid noch nicht auf der Welt, und ich weiß nicht, ob ich euch jemals treffen werde. Deshalb habe ich beschlossen, euch diese Nachricht hier aufzuzeichnen. ... Und wenn ich so auf dem Planeten runter schaue, dann denke ich, dass ich mich bei euch wohl leider entschuldigen muss. Im Moment sieht es so aus, als ob wir, meine Generation, euch den Planeten nicht gerade im besten Zustand hinterlassen werden. Im Nachhinein sagen immer viele Leute, sie hätten davon nichts gewusst, aber in Wirklichkeit ist es uns Menschen schon sehr klar, dass wir im Moment den Planeten mit Kohlendioxid verpesten, dass wir das Klima zum Kippen bringen, dass wir Wälder roden und dass wir die Meere mit Müll verschmutzen, dass wir die limitierten Ressourcen viel zu schnell verbrauchen und dass wir zum Großteil sinnlose Kriege führen. ... ich würde mir wünschen, dass wir bei euch nicht als die Generation in Erinnerung bleiben, die eure Lebensgrundlage egoistisch und rücksichtslos zerstört hat. ... wer weiß, vielleicht lernen wir ja auch noch was dazu, dass ein Blick von außen immer hilft, dass dieses zerbrechliche Raumschiff Erde sehr viel kleiner ist, als die allermeisten Menschen sich das vorstellen können, wie zerbrechlich seine Biosphäre ist, und wie limitiert seine Ressourcen. ...

Internationale Raumstation, Kommandant der Expedition 57, Alexander Gerst, 25. November 2018, 400 km über der Erdoberfläche"

(„Liebe Enkelkinder", Ansprache an seine fiktiven Enkel, 25.11.2018, Alexander Gerst, Kommandant der Internationalen Raumstation, Expedition 57, 400 km über der Erdoberfläche; Abschrift des Videos auf Welt.de, 19.12.2018)

Wie wichtig doch solch eine Außenperspektive ist! Man sollte dankbar dafür sein, dass es Menschen gibt, die auf Erde und Menschheit mit gebührendem Abstand blicken können und die Zustände mit ganz anderen Augen sehen. Ihre bemerkenswerten Einschätzungen sollten global wesentlich mehr Beachtung finden. *(Beachte auch: „Die freie Sicht der Weltraumfahrer, Terror sapiens I – Von der Einfalt zur Vielfalt", S. 236 ff, Walter Krahe, 2017)*

Nicht nur das Wohlergehen der Menschheit insgesamt, sondern auch das Wohlergehen der einzigen Heimat Erde und aller auf ihr existierenden

Lebewesen bedürfen dingend der oben beschriebenen „Fürsorglichen Wirtschaft", also einer „Caring Economics". Die aus Kostengründen bewusst in Kauf genommene Umweltzerstörung in nahezu jedem Bereich menschlichen Lebens hat gefährliche Ausmaße angenommen. Die Redewendung – *„Erst vergiften wir die Umwelt, dann uns selbst."* – bringt es auf den Punkt: Alles hängt mit allem zusammen.

Wir Menschen nehmen unseren Plastikmüll inzwischen in Form von Mikroplastik über Nahrung und Luft bereits täglich in uns auf.

Das unwiderrufliche Aussterben unzähliger Arten hat massive Auswirkungen auf den gesamten Naturkreislauf mit nicht überschaubaren Folgen für alle noch existierenden Tiere und Pflanzen, also auch für den Menschen, um nur zwei Beispiele zu nennen.

Niemand kann abschätzen, wohin das alles führt. Aufgrund des massiven, meist sehr negativen, zentralen Einflusses der Menschen auf die Erde sprechen die Wissenschaftler inzwischen von einem erdgeschichtlich neuen Zeitalter, vom Anthropozän, vom Zeitalter des Menschen.

Der bekannte Wissenschaftler, Prof. Dr. Harald Lesch (geb. 1960), spricht sogar vom *„ Kapitalozän"* [Kapital-ozän] , vom Erdzeitalter des Geldes. Die Ökonomisierung unzähliger Bereiche der Gesellschaft sei inzwischen so weit fortgeschritten, dass sie nahezu allgegenwärtig sei. Unmittelbarer Gewinn zähle mehr als z. B. die Natur. Gebraucht werde ein Wirtschaftssystem, das u. a. auch die Naturgesetze berücksichtige. Vieles müsste wieder „deökonomisiert" werden. *(„ Das Kapitalozän", Vortrag von Harald Lesch, 2.12.2018, Technische Universität Ilmenau, u. a. youtube.com)*

Im Folgenden ein Beispiel, das an dieser Stelle exemplarisch für all das andere verheerende Wirken der Menschen zum Schaden der Natur steht. In einem Essay haben britische Wissenschaftler jetzt Hühner und Brathähnchen zum Symbol des Anthropozäns auserkoren. An ihnen werde der massive Einfluss der Menschen auf die Biosphäre besonders sichtbar.

Ursprünglich stammt das Haushuhn von südostasiatischen Wildhühnern ab, hat aber heute fast nichts mehr mit diesen Vorfahren gemein. Spätestens seit dem Beginn der industriellen Massentierhandlung vor ungefähr siebzig Jahren haben sich die Hähnchen massiv verändert. Heute wachsen sie deutlich schneller, vor allem die Brust und Beinmuskeln. Sie fressen deutlich mehr und sind etwa fünfmal so groß und viel schwerer. Dabei liegt die Lebenserwartung solcher Broiler bei nur 5-7 Wochen. Lässt man die Hähnchen wenige Wochen länger leben, erhöhe sich ihre Sterberate drastisch, da das herangezüchtete schnelle Wachstum der Brustmuskeln zu einer Verkleinerung und dem Versagen der inneren Organe führe. Außerhalb der strikten Rahmenbedingungen derartiger industrieller Geflügelfarmen, in denen global 70% der Hühner aufwachsen, seien diese „künstlichen Industrieprodukte" absolut lebensunfähig. Mit permanent etwa 23 Mrd. lebenden Tieren sollen es angeblich sogar mehr als andere Vögel sein. Aufgrund ihrer kurzen Lebensdauer seien allein 2016 rund 66 Mrd. Hähnchen für 7,4 Mrd. Menschen geschlachtet worden sein. Bei Schweinen sind dies mit ca. 1,5 Mrd. vergleichsweise weniger – bei Rindern 0,3 Mrd. Hinzu kommt jährlich eine große Zahl an getöteten männlichen Küken, 2017 alleine nur in Deutschland 45 Mio. Küken, die bei der Zucht von Legehennen entstünden, aber aus ökonomischer Sicht aufgrund des fehlenden Turbo-Wachstums für die Hähnchenmast als ungeeignet gälten. In ferner Zukunft würden die Archäologen neben Plastik und Beton bei ihren Ausgrabungen auch auf Massen von Hühnerknochen stoßen – alles sichere Zeichen für das Wirken der Menschen im Anthropozän.

Mit solch einer enormen Vermehrung der Nutztiere geht auch eine Verminderung der Artenvielfalt einher. Durch den gezielten Anbau von Futtermitteln hat die industrielle Hühnerzucht auch großen Einfluss auf die Landwirtschaft. Das trifft übrigens auf die industrielle Fleischerzeugung insgesamt zu. Drei Viertel (ca. 75%) des weltweiten Agrarlands (Weideland und Futteranbauflächen) dienen zur Herstellung tierischer Produkte, wobei diese nur etwa ein Sechstel (ca. 17%) des weltweiten Kalorienbedarfs decken. Ungefähr 15 % der globalen Treibhausgas-Emissionen stammen aus der Erzeugung tierischer Produkte. Die Folgen der industriellen Massentierhaltung sind zusätzlich zahlreiche andere schädliche Nebenwirkungen. *(„Anthropozän: Wie die Menschheit sich im Brathähnchen symbolisiert", Florian Rötzer, 14.12.2018, heise.de; „Kükenschreddern – Das Gemetzel geht weiter", Markus Balser, 29.3.2018, sueddeutsche.de; „Kein Fleisch ist auch keine Lösung", Claus Hecking, Anne Martin und Leonie Voss, 17.12.2018, spiegel.de)*

Es gibt wesentlich klügere Ansätze, den Hunger der Menschen zu stillen. Es ist erschreckend, was die ausschließliche Fixierung auf die Nutzenmaximierung aus den Menschen gemacht hat. Fortan ist Rücksichtnahme angesagt: im Interesse von Mensch und Natur, also auch im eigenen. Inzwischen haben Forscher z. B. eine Ernährungsweise ausgearbeitet – die sogenannte „Planetary health diet" – nach der gleichermaßen grundlegende Ernährungsfehler vermieden wie auch die Umwelt geschont wird.

Kapitalismus und Klima

Die Einseitigkeit der Menschen
hat zu der heutigen Krise geführt.
Angemessene Lösungen können deshalb
niemals einseitig sein.

Nicht Egoismus zuerst,
sondern Rücksicht und Kooperation zuerst,
also die Zufriedenstellung vieler Seiten,
weisen den Weg in die Zukunft.

Naomi Klein: „This Changes Everything"

Die Kanadierin Naomi Klein (geb. 1970) ist eine weltweit viel beachtete Buchautorin, Journalistin und Vortragsrednerin. Ihre Buchtitel *„No Logo"*, *„Die Schock-Strategie"* und *„Die Entscheidung – Kapitalismus vs. Klima"* wurden in viele verschiedene Sprachen übersetzt.

In einem Text über die immer noch salonfähige Leugnung des durch die Menschen verursachten Klimawandels und dem damit einhergehenden gezielten „Wegschauen" äußerte sich die Kapitalismuskritikerin unerwarteterweise sogar kritisch in Bezug auf diejenigen, die tatsächlich „hinschauen" und versuchen ihr Leben zu verändern: *„Oder wir schauen hin, sagen uns aber, wir können nichts tun, außer uns auf uns selbst zu konzentrieren. Wir meditieren und kaufen auf Bauernmärkten ein und schaffen unser Auto ab. Wir unternehmen jedoch keinen Versuch, das System zu ändern, dass die Krise unausweichlich macht, denn das wäre viel zu viel »schlechte Energie« und würde sowieso nicht funktionieren. Und auch wenn das auf den ersten Blick wie Hinschauen wirkt, weil viele dieser Veränderung des Lebensstils tatsächlich Anteil der Lösungen sind, sind wir auch mit dieser Haltung noch auf einem Auge blind."* (*„Die Entscheidung – Kapitalismus vs. Klima", Naomi Klein, Fischer Verlag 2015, S. 12*)

Diese Aussage hat das Potenzial, einen nachhaltig wachzurütteln: Wenn man trotz seiner selbstverständlich wertvollen ureigenen positiven Bemühungen nicht weiterhin entscheidend blind sein möchte, dann darf das Hinschauen auf keinen Fall vor dem tabulosen Hinterfragen des weltweiten Wirtschaftssystems und den notwendigen Konsequenzen haltmachen.

Im Gegenteil! Wer ernsthaft wirksame Veränderungen will, der muss an dieser Stelle der Menschheits-Entwicklung kompromisslos die Systemfrage stellen, sonst drohen alle Anstrengungen nutzlos zu verhallen.

In ihrem Buch, „*Die Entscheidung – Kapitalismus vs. Klima*", bringt es Naomi Klein auf der Grundlage ihrer umfangreichen Analyse unmissverständlich auf den Punkt: Aufgrund der massiven Umweltverschmutzung und der sehr weit fortgeschrittenen negativen Entwicklung in Bezug auf den Klimawandel habe die Menschheit keine Zeit mehr für langwierige Veränderungsprozesse innerhalb des derzeit maßgeblichen, völlig kontraproduktiven Systems. Das Wirtschaftssystem auf der einen und der Planet Erde mit den vielen verschiedenen Lebensformen auf der anderen Seite befänden sich gegeneinander in einem völlig unversöhnlichen Krieg: Damit keiner von ihnen kollabiere, bräuchte die Wirtschaft ihrerseits auch weiterhin ungebremstes Wachstum, das Klima hingegen dringend den Rückgang des Ressourcenverbrauchs und des Ausstoßes schädlicher Stoffe. Nur eines dieser Regelsysteme ließe sich verändern, und das seien nicht die Naturgesetze. *(S. 33, s. o.)*.

Ein Abbremsen des Klimawandels sei mit der vorherrschenden Doktrin von Egoismus und Wachstum nicht zu erreichen. An ihre Stelle müssten Kooperation und Genügsamkeit treten. Wenn man jetzt ernsthaft noch eine Veränderung der verheerenden Entwicklung erzielen und effektiv etwas gegen die Klimaveränderungen unternehmen wolle, müssten die Regeln der globalen Wirtschaftsordnung fundamental verändert werden. Diese Anstrengungen sollten Teil einer Gesamtbewegung sein, denn zu viele Veränderungen müssten stattfinden, die sich nicht allein auf den Kampf gegen die Klimaerwärmung reduzieren ließen.

„Im Wesentlichen besteht die Aufgabe darin, nicht einfach alternative Vorschläge für die Politik zu machen, sondern eine andere Weltsicht in Konkurrenz zu jener vorzustellen, die Hauptverursacher der ökologischen Krise ist – eine Weltsicht bei der Wechselbeziehungen statt Hyper-Individualismus im Mittelpunkt stehen, Gegenseitigkeit statt Dominanz und Kooperation statt Hierarchie. Das ist die Grundvoraussetzung für die Schaffung eines politischen Umfelds, dass die drastische Verminderung der Emissionen gewährleistet." *(S. 554, s. o.)*

„Wandeln wir das System – nicht das Klima", lautete sinnigerweise ein „Gelbwesten-Spruchband" auf dem „Marsch fürs Klima" in Paris.

Im Großen wie im Kleinen

Im so genannten Carbon Majors Report 2017 (veröffentlicht durch das „Carbon Disclosure Project", CDP, und dem „Climate Accountability Institute") werden auf der Grundlage der „Carbon Majors Database" (der größten unternehmensbezogenen Datenbank in Bezug auf den Ausstoß von Treibhausgasen) die industriellen Kohlendioxid- und Methanemissionen von Produzenten fossiler Brennstoffe in der Vergangenheit, Gegenwart und Zukunft betrachtet. Nach diesem Bericht habe die fossile Brennstoffindustrie seit 1988 ihren Beitrag zur Erderwärmung verdoppelt – um die gewaltige Größe des kompletten Ausstoßes von den zuvor ca. 240 Jahren seit Beginn der industriellen Revolution um 1750. Würden in den nächsten ca. 30 Jahren ähnlich viele fossile Brennstoffe wie zwischen 1988 und 2018 abgebaut, dann stiegen die Durchschnittstemperaturen bis zum Ende des Jahrhunderts um 4° C. Dies hätte katastrophale Folgen. („The Carbon Majors Database, CDP Carbon Majors Report 2017",Dr. Paul Griffin, Climate Accountability Institute)

Laut dem Klima-Risiko-Index der Umwelt- und Entwicklungsorganisation Germanwatch war das Jahr 2017 das weltweit verheerendste Extremwetterjahr der jüngeren Geschichte. Stürme, Starkregen, Hitze und Dürre hätten mehr als 11.500 Todesopfer gefordert und Schäden in der Höhe von mehr als 375 Milliarden US-Dollar verursacht. *(„Klima-Risiko-Index 2017 - Extremwetter so heftig wie lange nicht", 04.12.2018, tagesschau.de)*.

Für die meisten Klimaforscher steht es außer Frage, dass eine Erhöhung der durchschnittlichen Temperatur über 1,5° C sprunghaft zu einem noch schnelleren und noch stärkeren Anstieg der Temperaturen und damit zu nicht mehr beherrschbaren Folgen führt. Zum Beispiel bewirke dies ein Massensterben, bei dem mehr als drei Viertel der Arten vernichtet würden. In den letzten 540 Millionen Jahren sei dies fünfmal vorgekommen. Neue Studien wiesen darauf hin, dass bereits heute das sechste massenhafte Artensterben mit unvorhersehbaren Folgen für Natur und Menschheit begonnen habe. 97% der Fachleute sind davon überzeugt, dass der heutige Klimawandel vor allem auch menschgemacht ist, dass das falsche Verhalten der Menschheit dieses Mal einen großen Beitrag leiste. Viel zu hoch und vor allem auch viel zu schnell sei der vom Menschen verursachte Ausstoß von Kohlendioxid, der unbezweifelbar zu höheren Temperaturen führe. Noch sei für eine kurze Zeit wohl eine Begrenzung auf unter 1,5 Grad möglich. *(„Klimagipfel in Katowice, 10 Fakten zum Klimawandel, die wirklich stimmen", Michael Lindner und Antonia Schuster, 3.12.2018, zeit.de)*

Der Generalsekretär der Vereinten Nationen, António Guterres, appellierte auf der UN-Klimakonferenz im polnischen Kattowice (2. - 14. 12.2018) eindringlich an die Delegierten aus 197 Staaten, dass der Klimawandel schneller ablaufe, als man sich bewege. Dies müsse dringend aufgeholt werden, bevor es zu spät sei. Man habe schon jetzt große Probleme. Für viele Menschen, Regionen und sogar Länder sei dies bereits heute eine Frage von Leben und Tod. Laut der Weltorganisation für Meteorologie seien die 20 wärmsten Jahre in den vergangenen 22 Jahren zu verzeichnen, die wärmsten vier in den letzten vier Jahren. Die Konzentration von Kohlendioxid sei die höchste seit 3 Millionen Jahren. Und die vom Menschen verursachten Emissionen stiegen sogar wieder deutlich an. Es sei schwer, die Dringlichkeit der Situation zu überschätzen.

Gebraucht würde eine vollständige Transformation (Umwandlung) der globalen Energiewirtschaft. Viele technologische Lösungen seien bereits realisierbar und erschwinglich. Aber der Übergang zu einer kohlenstoffarmen Wirtschaft erfordere politische Impulse von höchster Ebene. Gebraucht würden politischer Wille und eine weitsichtigere Führung. Allerdings bedürfe es auch der umfassenden Mobilisierung der jungen Menschen. *("UN Climate Speech", United Nations Secretary-General António Guterres, 3.12.2018, United Nations, Climate Change, unfccc.int)*

Laut dem deutschen Klimaforscher Mojib Latif (geb. 1954) bewege sich die Welt derzeit wie ein Geisterfahrer: Sie fahre in die falsche Richtung.

Neuseeland, das sich aus internationalen Kriegen bislang weitestgehend raushält, hat inzwischen den Klimawandel als offiziell wichtigsten Feind erklärt. Einerseits würde das Militär infolge von Extremwetterlagen häufiger zum Einsatz kommen, andererseits könnte die zunehmende Erderwärmung zu einer Verschlimmerung bestehender gesellschaftlicher Probleme in der Pazifikregion bis hin zu gewaltsamen Konflikten mit neuen militärischen Einsatzpflichten führen. („Globaler Temperaturanstieg, Neuseelands Armee erklärt Klimawandel offiziell zu wichtigem Feind", 6.12.2018, spiegel.de)

Man hat sich verhängnisvollerweise inzwischen daran gewöhnt, dass die Ergebnisse solcher Groß-Konferenzen wie die der UN-Klimakonferenz – selbst bei solch einer zeitlich pressierenden Thematik wie die des Klimawandels – um Dimensionen von den sie begleitenden Erwartungen entfernt liegt. All die – menschlich sogar nachvollziehbare – Freude am Ende solcher Konferenzen, ist angesichts der Dringlichkeit mit Abstand betrachtet eher Ausdruck von massivem menschlichen Realitätsverlust, als

Zeichen eines wirklichen Erfolgs. Der frühere Staatspräsident von Venezuela Hugo Chávez (28.7.1954-5.3.2013) äußerte einmal als Vertreter der Entwicklungsländer am Schluss eines solchen Gipfels (am 4.9.2002 in Johannesburg) sehr treffend: *„ Unsere politischen Führer gehen von Gipfel zu Gipfel, aber unsere Völker gehen von Abgrund zu Abgrund."* („Schlechte Note für die Weltgemeinschaft, Die Vereinten Nationen fordern Taten statt Worte", handelsblatt.com, 6.12.2002)

Vielleicht verweist António Guterres ja deshalb auf die Mobilisierung der jungen Menschen, weil er selber kein Vertrauen (mehr) auf *„politische Impulse von höchster Ebene"* hat. Die entsprechenden Impulse müssen jetzt allerdings von allen Menschen kommen, die die Notwendigkeit zum entschlossenen Handeln verstanden haben, natürlich auch mit möglichst vielen jungen Menschen an der Spitze.

„Mit unserer Gier und unserer Dummheit

werden wir uns eines Tages selbst ausrotten."

(Stephen Hawking, Astro-/Physiker,geb. 8.1.1942, gest. 14.3.2018, utopia.de)

Ein Artikel der britischen Tageszeitung „the guardian" zum Carbon Majors Report 2017 führt aus: *„Laut Studie sind nur 100 Unternehmen für 71% der weltweiten Emissionen verantwortlich. Eine relativ kleine Anzahl von Erzeugern fossiler Brennstoffe und ihrer Investoren könnte der Schlüssel zur Bekämpfung des Klimawandels sein."* *(„Just 100 companies responsible for 71% of global emissions, study says", Tess Riley, 10.7.2017, theguardian.com; deutsche überarbeitete Übersetzung google: "Laut Studie sind nur 100 Unternehmen für 71% der weltweiten Emissionen verantwortlich")*

Nach dem Autor dieses Artikels, Tess Riley, liegt es im Wesentlichen also streng genommen in der Hand einer relativ kleinen Anzahl von Erzeugern fossiler Brennstoffe und deren Investoren, die schädlichen CO_2-Emissionen endgültig dramatisch zu verringern und dadurch den Klimawandel tatsächlich wirkungsvoll so schnell wie möglich zu bekämpfen und so die dringend benötigte Kehrtwende zu schaffen. Eigentlich klingt das sehr überschaubar und nimmt viel von der Angst vor dem angeblich Unmöglichen weg. Offensichtlich aber wurde diesen Unternehmen bis heute noch nicht die Notwendigkeit zum kompromisslosen sofortigen Gegensteuern und zur kompromisslosen Förderung umweltschonender Energiequellen mit dem angemessenen unmissverständlichem Nachdruck nahegelegt. Genau jetzt aber ist genau das an der Zeit – ein Später darf es nicht geben! Jede Stimme wird dabei gebraucht, den entsprechenden gesellschaftlichen Druck aufzubauen.

♦ Eine genaue Liste dieser 100 Unternehmen findet man im Internet unter den Stichworten *„CDP Carbon Majors Report 2017"* auf der Seite von *„cddp.net"* unter *„The Carbon Majors"* oder direkt als PDF *„The Carbon Majors Database - Rackcdn.com"*.

> *„Die Würde des Menschen und das Gemeingut gelten mehr*
> *als das Wohlbefinden einiger,*
> *die nicht auf ihre Privilegien verzichten wollen. "*
>
> *Papst Franziskus*
> *(Apostolisches Schreiben „Evangelii Gaudium", Papst Franziskus, 24.11.2013, Vatikan)*

An diesem entscheidenden Punkt in der Entwicklung der Menschheit und der einzigen Heimat Erde stehen sich die Gier nach kurzfristiger Rentabilität einiger weniger Unternehmen und die für die Existenz auf dieser Erde unverzichtbare drastische Reduktion von gefährlichen Emissionen unversöhnlich gegenüber. Die drängende Lösung dieser Problematik in den Händen der entsprechenden Wirtschaftsunternehmen und der möglicherweise sogar von ihnen finanzierten Politikern zu belassen, ist allerdings absolut unverantwortlich. Jetzt muss klug gehandelt werden.

Das was für die großen Unternehmen gilt, gilt gleichermaßen auch für Staaten. Betrachtet man nämlich die weltweit größten Emissionen klimaschädlicher Stoffe aus der Perspektive von Staaten, so sind „nur" 32 Staaten für 80% der globalen Emissionen zuständig. Verheerenderweise ist nur bei wenigen dieser Staaten ein Umdenken bzw. entschiedenes Handeln zu erkennen. Die beiden größten Verursacher (nach dem Insgesamt- und nicht nach dem Pro-Kopf-Ausstoß gesehen) China und die USA, die für ungefähr 40% des weltweiten Treibhausgasausstoßes verantwortlich sind, tun viel zu wenig oder leugnen sogar aus primär wirtschaftlichen Interessen den menschlichen Einfluss auf den Klimawandel. *(nach: „Uno-Konferenz in Katowice, Wer ist Klimasünder Nummer eins?", Julia Merlot, 13.12.2018, spiegel.de; hier findet sich eine genaue Liste der entsprechenden Staaten)*

Auf diese Staaten und auch auf die anderen muss von innen – zum Beispiel durch die Wähler – und von außen – zum Beispiel durch den Boykott entsprechender Produkte – unübersehbarer Druck ausgeübt werden. Das weiterhin bewusste Verursachen bzw. Inkaufnehmen, dass die Geschicke der Menschheit und der Erde aus purem Eigennutz auf den Abgrund zusteuern, sollte in der Zukunft als höchstgradig kriminell, quasi als terroristischer Akt gegen Mensch und Natur eingestuft werden. Dies sollte gleichermaßen für Unternehmer und für Politiker, aber auch für charakterlich entgleiste, höchstgradig eigennützige Präsidenten gelten.

Auch in der Gesetzgebung hat ein schnelles (kluges!) Umdenken stattzufinden. Nicht nur der „kleine" illegale Müllentsorger sollte strafrechtlich verfolgt werden, sondern vor allem auch die Verantwortlichen für den exorbitanten „Großmüll". Wer allerdings nachweislich ab sofort unverzüglich umsteuert und alles in seiner Macht stehende für „umweltneutrale" Lösungen unternimmt, der sollte im Gegensatz zu allen anderen nicht belangt werden. Jetzt werden weltweit Abgeordnete benötigt, die das in den jeweiligen Parlamenten umzusetzen bereit sind.

In erster Linie ist es aber an der Zeit, das alles bestimmende Wirtschaftssystem von der Verabsolutierung des persönlichen Eigennutzes auf Kooperation und Rücksicht gegenüber Mensch und Natur umzustellen. Das geschieht nicht von alleine und muss (unbedingt gewaltfrei) mit allem gesellschaftlichen Nachdruck – nach dem Motto: Die Macht des Einzelnen summiert sich zur Macht der Gesellschaft! – gegen all die bisherigen Nutznießer durchgesetzt werden, und zwar so schnell wie möglich.

> *„Die Welt hat genug für jedermanns Bedürfnisse,*
> *aber nicht für jedermanns Gier. "*
> Mahatma Gandhi (1869-1948)

Achtung: Dennoch sollte der einzelne Mensch mit seinen ureigenen persönlichen Bemühungen nicht weniger Aufmerksamkeit und Wertschätzung erhalten. Jeder einzelne Mensch kann und sollte natürlich seinen unverzichtbaren Beitrag leisten. Für die Klimaforscher ist es keine Frage, dass sich auch individuelle Verhaltensänderungen in den unterschiedlichsten Lebensbereichen positiv auf das Klima auswirken.

Zum Beispiel könnten Menschen, die keine tierischen Produkte äßen, 49% ihrer persönlichen CO_2-Emissionen reduzieren – allerdings nur dann, wenn sie gleichzeitig keine Vielflieger sind.

Das Umweltbundesamt (UBA) spricht z. B. von umweltbewussten Menschen mit hohem Ressourcenverbrauch bzw. von „klimabesorgten Klimasündern". "Während die Menschen 'bio' kaufen, weniger Fleisch essen und Fahrrad fahren, unterschätzen sie den CO_2-Ausstoß durch ihre Fernreisen, ihre schlecht isolierte Wohnung und ihr Auto. Und das sind leider klimatechnisch die Big Points", so Michael Bilharz vom UBA. Viele Menschen unterlägen einer Selbsttäuschung. Eine Studie hätte gezeigt, dass besonders umweltbewusste Menschen, die häufig in den besseren Einkommensklassen gebildeter Akademiker zu finden seien, überdurchschnittlich viel CO_2 verursachten. Gründe lägen in ihrer häufigeren Reisetätigkeit, in ihren größeren Autos und ihren größeren Wohnungen (Altbauwohnungen?), die nicht selten schlecht gedämmt seien. Mit einem derartigen Lebensstil lägen sie bereits tonnenweise über dem deutschen Durchschnitt von 4,6 Tonnen CO_2 pro Jahr. Laut UBA dürften die Deutschen nur eine Tonne pro Jahr ausstoßen, damit die Erderwärmung unter zwei Grad gehalten werden könne.

Michael Bilharz vom Umweltbundesamt hat sich intensiv mit der Frage beschäftigt, wie sich die Mehrheit der Menschen verhalten sollte, damit derart ambitionierte Ziele dennoch erreicht werden können.

Er nennt drei wichtige Punkte:

1) Ein jeder solle sich in seinem Rahmen politisch engagieren und öffentlichen Druck ausüben – z. B. auch durch Unterstützung von Petitionen.

2) Was man selber nicht an CO_2-Ausstoß sparen könne, könne man indirekt durch Ausgleich sparen, also durch entsprechende finanzielle Förderung seriöser Projekte – z. B. zur Bereitstellung von Solarkochern in Ruanda. Schon mit jährlich 250 € steuerlich absetzbarem Einsatz ließen sich auf diesem Weg elf Tonnen CO_2 Austausch sparen.

3) Ganz individuell sollte man versuchen, seine persönliche Bilanz durch Einsparungen bei den „Big Points" (Flugreisen, Wohnungen und Autos) zu verbessern. In diesem Zusammenhang könnte ein möglicher Ausgleich auch in der Investition in erneuerbare Energien liegen.

Mitnichten seien die persönlichen Bemühungen unwichtig und sollten deshalb auf keinen Fall vernachlässigt werden. Aber der Klima-Effekt dieser Einzelhandlungen sei in der Praxis leider oft begrenzt. Man sollte sich vor allem auf „die Schwergewichte" bei der CO_2-Verursachung und auf die sehr wichtige Frage konzentrieren, ob man genügend politischen Druck ausübe. Zum Beispiel wirke eine Mitgliedschaft in einer Klimaschutzorganisation womöglich weit über einen hinaus und sei damit noch effektiver als die kalt gewaschene Wäsche. *(„Umweltschutz, Das können Sie persönlich gegen den Klimawandel tun", Carolin Wahnbaeck, 6.12.2018, spiegel.de)*

Jeder kann seinen eigenen Weg finden, jeder vermag seinen ganz individuellen Beitrag zu leisten. Der Clou liegt aber darin, nicht das Eine gegen das Andere auszuspielen. Also, selbstverständlich ist es gut, zu *„meditieren"* und *„auf Bauernmärkten"* einzukaufen, weniger Fleisch zu essen und Fahrrad zu fahren. Auch Naomi Klein will einen derartigen Beitrag mit Sicherheit nicht anzweifeln. Allerdings verweist sie völlig zu Recht auf die zweifelsfrei unverzichtbare Veränderung des gesamten Systems, das indirekt der eigentliche Permanent-Verursacher der Krise ist. Das geht über das alleinige (durchaus wichtige) Engagement im Klimaschutz noch einmal weit hinaus. Die persönlichen Bemühungen sollten also neben der „Meditation" (usw.) in gleicher Weise auch den eigenen unüberhörbaren wirkungsvollen Einsatz für ein sinnvolleres Wirtschaftssystem umfassen. Definitiv jeder, der sich jetzt der Notwendigkeit für Veränderungen bewusst ist, wird dabei gebraucht, den notwendigen Druck auf allen Ebenen aufzubauen. Selbstverständlich braucht das große Überzeugungskraft.

Greta Thunberg, fünfzehnjährige schwedische Schülerin, ging seit 20. August 2018 freitags nicht zur Schule und demonstrierte stattdessen vor dem schwedischen Parlament für die Rettung des Klimas. Inzwischen protestieren freitags Schüler weltweit in verschiedenen Ländern *[„Fridays for Future"]*. Infolge ihres weltweit beachteten Protests wurde Greta Thunberg vom Time Magazine zum einflussreichsten Teenager des Jahres 2018 ernannt, später zur 24. Weltklimakonferenz nach Katowice (Polen) und 2019 auch zum Weltwirtschaftsforum nach Davos (Schweiz) eingeladen. In Katowice hielt sie die wohl ungewöhnlichste und meist beachtete Ansprache an die Delegierten: *„ Und wenn ein paar Kinder auf der ganzen Welt Schlagzeilen machen können, wenn sie nicht zur Schule gehen, dann stellen Sie sich vor, was wir alle zusammen tun könnten, wenn wir das wirklich wollten. ... Sie [Anm. die Delegierten] sind nicht reif genug, um es zu*

sagen, so wie es ist. Sogar diese Belastung überlassen Sie uns Kindern. ...
Unsere Zivilisation wird geopfert für die Chance einer sehr kleinen An-
zahl von Menschen, weiterhin enorme Geldsummen zu verdienen. Unsere
Biosphäre wird geopfert, damit reiche Menschen in Ländern wie meinem
in Luxus leben können. **Es sind die Leiden der Vielen, die für den Luxus**
der Wenigen zahlen. *... Im Jahr 2078 werde ich meinen 75. Geburtstag*
feiern. Wenn ich Kinder habe, werden sie vielleicht diesen Tag mit mir
verbringen. Vielleicht fragen sie mich nach Ihnen. Vielleicht werden sie
fragen, warum Sie nichts unternommen haben, während noch Zeit zum
Handeln war. ... **Und wenn Lösungen innerhalb des Systems so schwer**
zu finden sind, sollten wir vielleicht das System selbst ändern. *... Wir*
haben keine Entschuldigungen mehr und die Zeit läuft ab. Wir sind hier-
her gekommen, um Sie wissen zu lassen, dass Veränderungen bevorste-
hen, ob Sie es mögen oder nicht. **Die wirkliche Macht gehört den Men-**
schen. *" (G. Thunberg, geb. 2003, 24. Weltklimakonferenz in Katowice in Polen, Dez. 2018)*

Auf dem Weltwirtschaftsgipfel in Davos sagte Greta Thunberg: *„Es hat*
den Anschein, dass Geld und Wachstum unsere einzige Sinnerfüllung sind.
... An Orten wie Davos erzählen Menschen gerne Erfolgsgeschichten.
Aber ihr finanzieller Erfolg hat ein unvorstellbares Preisschild. ... Und
beim Klimawandel müssen wir anerkennen, dass wir versagt haben. ...
Jetzt ist es an der Zeit, deutlich zu sein. Die Klimakrise zu lösen, ist die
größte und komplexeste Herausforderung, der die Menschheit je gegen-
überstand. ... **Ich will, dass ihr handelt, als wenn euer Haus brennt,**
denn das tut es. ... Ich will, dass ihr in Panik geratet, dass ihr die Angst
spürt, die ich jeden Tag spüre. *"* Die Lösungsmöglichkeit sei *„so ein-*
fach, dass selbst ein kleines Kind sie versteht: Wir müssen den Ausstoß
von Treibhausgasen stoppen!"(„Greta Thunberg in Davos – 16 Jahre alte Klima-
aktivistin:»Ich will, dass ihr in Panik geratet«",25.1.2019, kn-online.de; auch auf welt.de)

♦ **Die Soziale Revolution**

Mensch und Natur können sich keinen Tag länger ein System leisten,
in dem der persönliche Eigennutz wichtiger als die Luft zum Atmen
ist. Diese Erkenntnis muss von möglichst vielen mit möglichst großem
Nachdruck möglichst unmissverständlich jetzt in die Welt getragen
werden! Das ist die soziale Revolution, die bereits begonnen hat.

Die heutige Verantwortung eines jeden denkenden Menschen besteht darin, einerseits selbst so gut wie möglich Rücksicht auf Mensch und Natur zu nehmen und andererseits seine Stimme entschieden gegen das System zu erheben, das maßgeblich verantwortlich für den heutigen Wahnsinn ist. Es wäre ein verhängnisvoller Fehler, an diesem Punkt in der Entwicklung der Menschheit, wieder in einseitige Denkweisen zu verfallen. Mensch und Natur sind dringend darauf angewiesen, dass gemeinsame Bemühungen auf jeder Ebene unverzüglich in die gleiche sinnvolle Richtung zielen: im Großen wie im Kleinen.

Fazit

Im Titel der englischsprachigen Ausgabe des Buches von Naomi Klein, *„Kapitalismus vs. Klima"*, steht die Ansage: *„This Changes Everything"*. Bei der deutschen Ausgabe steht *„Dieses Buch ändert alles"* in großer Schrift auf der Rückseite. Bedauerlicherweise ist das bisher (ca. vier Jahre später) aber immer noch nicht erfolgt.

▶ Wie viele solcher wirklich klugen Bücher müssen noch geschrieben, wie viele Studien müssen noch durchgeführt werden, wie viele Aufrufe wirklich kluger Menschen müssen noch erfolgen, damit der „Egoismus-Junkie" Mensch endlich seine geistig-emotionale Zwangsjacke auszieht?

Wie bewegt man die Menschen dazu, ein für alle Male ihren unheilvollen Dämmerzustand zu verlassen und ab sofort wirkungsvoll im Sinne von Mensch und Natur zu handeln: also gleichermaßen für Eigen-, Fremd-, Gemein- und Universalwohl? Was muss noch alles geschehen, damit möglichst viele ihre Egoismus-Brille für immer ablegen und die katastrophalen Folgen der bisherigen menschlichen Selbstherrlichkeit schrittweise abzubauen helfen? Was also muss noch passieren, damit möglichst vielen klar wird, dass es dieses Mal um nichts weniger als um alles geht? Beginnt aber dieses alles nicht einfach (dann doch) mit der eigenen Einsicht, die einen selber und am Ende auch andere mitzureißen vermag? Ist man es nicht genau selber, der jetzt umzusteuern hat?

„Alles hängt davon ab, wie wir, die vielen, reagieren, uns organisieren und handeln. Wenn man ... die Veränderung zum Besseren für unmöglich hält, wird es sie auch nicht geben. Wir haben die Wahl", so Prof. Robert W. McChesney. *(aus der Einleitung zu dem Buch, „Profit over People, Neoliberalismus und Globale Weltordnung", Noam Chomsky, Europa Verlag 2000)*

Kapitalismus und Kirche

Anmerkung: Im Zentrum der Betrachtung steht die katholische Kirche, deren heutige tabulose Kapitalismuskritik allerdings universell ist.

„Die Marktwirtschaft muss notwendig um das Ziel der ökologischen und sozialen Verantwortung ergänzt werden. Nur ein gegenüber Werten verpflichteter Markt kann einen verantwortungsvollen Umgang mit der Natur oder die Rechte der gegenwärtigen und zukünftigen Generationen gewährleisten", so Reinhard Kardinal Marx (geb. 1953), Vorsitzender der Deutschen Bischofskonferenz. (*„Eine ganzheitliche Sicht der Wirtschaft", Reinhard Kardinal Marx, 18.7.2015, faz.net*)

Der Kommunismus

Für den Philosophen und Ökonomen Karl Marx (1818-1883), zusammen mit Friedrich Engels (1820-1895) einflussreichster Theoretiker des Sozialismus und Kommunismus und Verfasser des sogenannten „Kommunistischen Manifest" (1848), Autor des Werks, *„Das Kapital – Kritik der politischen Ökonomie"*, war die Sache klar: *„Religion ist das Opium des Volkes"* (1843/44). Marx vertrat den Standpunkt, dass der Mensch die Religion mache und nicht die Religion den Menschen. Die Religion sei *„der Seufzer der bedrängten Kreatur, das Gemüt einer herzlosen Welt ... "*.

Opium als süchtig machende Droge betäubt Angst und Schmerz und verschafft Phasen der Ruhe und Zufriedenheit. Ähnlich gebe die Religion den geknechteten Menschen oberflächliche Betäubung. Durch die Verheißung eines paradiesischem Lebens nach einem gottgefälligen Leben, demzufolge die Auflehnung gegen die diesseitige angeblich gottgewollte Wirklichkeit eher als Sünde gelte, werde laut Karl Marx der Blick auf das reale Elend verschleiert und die Menschen in Passivität gehalten, weit entfernt von jedwedem inneren Antrieb, die bestehenden Zustände zu verändern.

Aufgrund dieser Kritik versteht es sich (fast) von selbst, dass die Kirche den Kommunismus seit dem 19. Jahrhundert als mit dem Christentum absolut unvereinbar geißelte, obwohl es neben all dem Trennenden durchaus auch inhaltliche Parallelen zu einem im Verständnis von Nächstenliebe, Barmherzigkeit und Solidarität praktizierten Glauben gibt.

Papst Pius XI. (1857-1939, Papst ab 1922) schrieb in seiner Enzyklika „Divini Redemptoris" (1937): *"Der Kommunismus ist in seinem innersten Kern schlecht, und es darf sich auf keinem Gebiet mit ihm auf Zusammenarbeit einlassen, wer immer die christliche Kultur retten will. "* *(„5 Gründe, warum die Kirche den Kommunismus kategorisch ablehnt", 24.8.2018 de.catholicnewsagency)*

In dem vatikanischen Dekret – *„Heiliges Offizium unseres Heiligen Vaters Pius XII. über die Haltung der Gläubigen gegenüber der kommunistischen Partei",* vom 1. Juli 1949 – wird die feindliche Haltung der katholischen Kirche gegenüber dem Kommunismus auf den Punkt gebracht: Der Kommunismus sei materialistisch und antichristlich, deren Führer seien Feinde der wahren Religion und Kirche Christi. Kein Christ dürfe Mitglied einer kommunistischen Partei sein und deren Werbemittel oder Lehren verbreiten. Täte ein Christ dies doch, verlöre er das Recht zur Teilnahme an den Sakramenten und würde als Abtrünniger vom katholischen Glauben angesehen. Die Exkommunikation drohe.

Laut dem damaligen Bischof von Sitten in der Schweiz, Viktor Bieler, habe Rom gesprochen und alle guten Katholiken müssten sich fügen. Täten sie das nicht, seien sie keine guten Katholiken. *(„Dekret vom 1. Juli 1949", kathpedia.com; „Dann auch Christus selbst", 30/1949, Der Spiegel)*

Die Feindschaft von Kommunismus und Kirche blieb in der Geschichte alles andere als folgenlos: Hunderttausende Christen wurden Opfer von Diskriminierung, Verboten, Ausgrenzung, Verfolgung, Folter und Hinrichtung in sozialistisch-kommunistischen Staaten.

Umgekehrt bekamen nicht wenige Katholiken ernsthafte Schwierigkeiten mit ihrer eigenen Kirche, wenn diese glaubte, sie auch nur in der Nähe kommunistischer Ideen verorten zu können. Auch in der Kirche gab es ein strenges Entweder-oder-Denken. Wer nicht uneingeschränkt ein Freund des Kapitalismus war, der konnte nur ein verachteter und zu bestrafender Kommunist sein. So sehr man auf der einen Seite den Kommunismus bekämpfte, so sehr wurde auf der anderen Seite dem Kapitalismus und seinen Statthaltern gehuldigt – häufig auf zumindest einem Auge blind, nämlich was die wirtschaftliche bzw. gesellschaftliche Situation der nicht vom System Begünstigten anbetraf. Oft genug standen die Kirchenvertreter in der Lebenswirklichkeit den Reichen näher als den Armen.

Die Befreiungstheologie

"Wenn ich den Armen zu essen gebe,

nennen sie mich einen Heiligen,

aber wenn ich frage,

warum die Armen nichts zu essen haben,

schimpfen sie mich einen Kommunisten"

Hélder Câmara (1909-1999)

(Brasilianischer Erzbischof, Mitbegründer der „Kirche für die Armen", nach: „Die Geburtsstunde der Befreiungstheologie vor 50 Jahren, Die Revolution der Bischöfe", Susann Kreutzmann, 24.08.2018, domradio.de)

1968 mahnte eine Gruppe lateinamerikanischer Bischöfe auf ihrem Treffen in Kolumbien eine Kirche für die Armen an. Sie weigerten sich, die weit verbreiteten sozialen Ungerechtigkeiten als gottgegeben hinzunehmen. Ihrerseits verstanden sie sich als die Stimme der Armen und forderten – in Ländern, in denen einige wenige Großgrundbesitzer über unvorstellbar große, zum Teil auch ungenutzte Landflächen verfügen – an erster Stelle eine Landreform und damit eine (gemäßigte) Umverteilung von Landbesitz zugunsten der vielen mittellosen Landarbeiter bzw. Kleinbauern. Daneben sprachen sie sich für eine Verbesserung gesamtgesellschaftlicher Bedingungen aus, wie z. B. für bessere Bildungschancen. Priester verstanden es fortan als Gottes Auftrag, von der Kanzel zu den Menschen zu gehen und sich für die Veränderung der Gesellschaft einzusetzen.

Das war die Geburtsstunde der so genannten Befreiungstheologie. Zunächst in Brasilien, später in ganz Lateinamerika und auch in anderen Teilen der Welt entstanden unter Anleitung der Befreiungstheologen sogenannte Basisgemeinden, in denen sich die Menschen aufgrund des gewaltigen Priestermangels häufiger auch ohne Geistliche zum Studium der Bibel, zum gemeinsamen Gebet, zum Singen und Tanzen und gleichermaßen auch zum Austausch ihrer Sorgen und gesellschaftlichen Ansichten trafen. Die Menschen waren so mit ihren religiösen und gesellschaftlichen Erfahrungen nicht mehr allein. Sie erfuhren inneren und äußeren Halt. Bei ihren Zusammenkünften waren freudvolles Gebet, lautes Klagen und besorgtes Protestieren keinerlei unüberbrückbarer Widerspruch. Der auf diese Weise erlebbare Glaube war und ist für sie alles andere als ruhigstellendes Opium. Im Gegenteil, er wird als ein kraftvoller Stimulus für ein in vielerlei Hinsicht erfülltes Leben erfahren. Noch heute soll es allein in Brasilien 100.000 solcher Gemeinden geben.

Lange Zeit bezeichneten die Herrschenden in den jeweiligen Ländern – vor allem wohl aus Angst vor den Folgen – die progressiven Befreiungstheologen und Geistlichen als *„Kommunisten mit christlicher Tarnung"*. So war der Streit mit der röm. kath. Kirche, die dann eine ähnliche Sichtweise vertrat, weil auch sie die Nähe zum Marxismus witterte, quasi vorprogrammiert.

Wie viel Leid (enormen Druck, Disziplinarverfahren, Redeverbot, Entzug der Lehrerlaubnis, Niederlegung des Priesteramts, bis hin zur Exkommunikation usw.) aber mussten katholische Bischöfe und Priester ertragen, die sich in diesen Ländern im Sinne der so genannten Befreiungstheologie auf die Seite der Unterdrückten und Armen stellten und zusammen mit ihnen gegen den dort vorherrschenden "nackten Kapitalismus" vorgingen!

Als Präfekt der Kongregation für die Glaubenslehre (Nachfolge-Institution der Inquisition) führte der deutsche Kardinal Ratzinger vom 1.3.1982 bis zu seiner Wahl als Papst (Papst Benedikt XVI.) am 19.4.2005 maßgeblich die Auseinandersetzung mit den Befreiungstheologen, bei denen er einiges als mit der katholischen Lehre nicht vereinbar entdeckte. Der brasilianische, katholische Theologe Leonardo Boff (geb. 1938), einer der Hauptvertreter der so genannten Befreiungstheologie, bezeichnete es geradezu als Ratzingers *„Obsession"*, dass die Befreiungstheologie für die Kirche ein trojanisches Pferd sei, in dessen Bauch sich der Marxismus versteckt hätte. Infolgedessen wurde fast zwanghaft alles abgelehnt, wohinter marxistisch-kommunistische Tendenzen auch nur vermutet wurden. Und das geschah seinerzeit sehr schnell, da die katholische Kirche marxistisches Gedankengut mied wie der Teufel das Weihwasser.

Leonardo Boff brachte die Problematik folgendermaßen auf den Punkt: *„Arm ist man nicht, arm wird man gemacht."* Und an anderer Stelle: *„Die Kirche der Reichen für die Armen verneint die Macht des Volkes, sich zu befreien."* (*„Interview, „Arm ist man nicht, arm wird man gemacht", Joachim Frank mit Leonardo Boff, 27.12.2016, Frankfurter Rundschau fr.de; Leonardo Boff, Wikepedia*)

Nach dem Zusammenbruch des sowjetischen Kommunismus und dem vermeintlichen Sieg des Kapitalismus wurde die Welt Schritt für Schritt vom unversöhnlichen Dualismus zwischen Kommunismus und Kapitalismus befreit. Endlich wurde es möglich, auch den Kapitalismus zu kritisieren, ohne dass man sofort als hoffnungsloser Kommunist abgestempelt wurde. Keinem bundesdeutschen Kapitalismuskritiker kann seitdem mehr die absolut unverschämte Aufforderung ins Gesicht geschleudert werden: *„Dann geh doch nach drüben, wenn Dir unser System nicht passt!"*

Papst Franziskus

In der katholischen Kirche änderte sich diesbezüglich die Situation erst entscheidend, als 2013 der Argentinier und Lateinamerikaner, Kardinal Jorge Mario Bergoglio, als Papst Franziskus zum Nachfolger vom zurückgetretenen Papst Benedikt XVI. (ehemals Kardinal Ratzinger) wurde.

„Ebenso wie das Gebot
»du sollst nicht töten«
eine deutliche Grenze setzt,
um den Wert des menschlichen Lebens zu sichern,
müssen wir heute ein »Nein zu einer Wirtschaft
der Ausschließung und der Disparität der Einkommen« sagen.
Diese Wirtschaft tötet. "

Papst Franziskus (geb. 19369)
(Apostolisches Schreiben „Evangelii Gaudium", Papst Franziskus, 24.11.2013, Vatikan)

Für einen Papst sind das ungewöhnlich starke Worte, die das deutliche Ende mit dem vorangegangenen, nahezu kritiklosen Sympathisieren der katholischen Kirche mit dem kapitalistischen Wirtschaftssystem markieren. In Argentinien nannte man die Befreiungstheologie die *„Theologie des unterdrückten Volkes"*. Sie hat Jorge Mario Bergoglio sehr stark geprägt. Laut dem Befreiungstheologen Leonaedo Boff hat Papst Franziskus die Visionen der Befreiungstheologie ins Zentrum der heutigen Kirche geholt und quasi zum Allgemeingut gemacht. Fortan sollen die Armen im Mittelpunkt kirchlichen Handelns stehen. Aber auch von der Erde müsse man inzwischen sprechen, weil auch sie ausgeplündert und geschändet würde. Den Schrei der Armen zu hören, bedeute heute auch den Schrei der Tiere, der Wälder, der ganzen gequälten Schöpfung zu hören, so Boff über Papst Franziskus. *(nach: „Interview, „Arm ist man nicht, arm wird man gemacht", Joachim Frank, 27.12.2016, Frankfurter Rundschau fr.de)*

Für Franziskus ist Barmherzigkeit die wichtigste Eigenschaft Gottes. Die Kirche sei nicht in der Welt, um zu verurteilen, sondern um die Begegnung mit dieser ursprünglichen Liebe zu ermöglichen, die die Barmherzigkeit Gottes sei. Damit das geschehe, müsse man hinausgehen. Hinausgehen aus den Kirchen und Pfarreien und die Menschen dort suchen, wo sie lebten, wo sie litten, wo sie hofften. *„Mir ist eine „verbeulte" Kirche, die verletzt und beschmutzt ist, weil sie auf die Straßen hinausgegangen ist, lieber, als eine Kirche, die aufgrund ihrer Verschlossenheit und ihrer Bequemlichkeit, sich an die eigenen Sicherheiten zu klammern, krank ist."* *(Päpstliches Lehrschreiben Evangelii Gaudium, 24.11.2013, Punkt 49)*

In seiner viel beachteten, vorwurfsvollen Weihnachtsansprache 2014 an die Mitglieder des Vatikans benannte Papst Franziskus die 15 Krankheiten der päpstlichen Behörden, darunter zum Beispiel Gleichgültigkeit gegenüber anderen: *„Es ist gefährlich, das menschliche Mitgefühl zu verlieren, das man braucht, um mit den Weinenden zu weinen und sich mit denen zu freuen, die froh sind."* („Die Papstansprache an die Kurie", www.radiovaticana.va, 23.12.2014; „Die Liste der »15 Krankheiten der Kurie«, zeit.de, 22.12.2014)

In Bezug auf die kapitalistische Marktwirtschaft, die Franziskus offiziell nicht grundsätzlich in Gänze ablehnt, sondern deren schädliche Ausprägungen er für katholische Verhältnisse tabulos anprangert, finden sich sehr deutliche Gedanken im Apostolischem Schreiben Evangelii Gaudium (24.11.2013, Vatikan). Darin heißt es u. a.: *„Heute spielt sich alles nach den Kriterien der Konkurrenzfähigkeit und nach dem Gesetz des Stärkeren ab, wo der Mächtigere den Schwächeren zunichte macht (Pt. 53). Die Würde jedes Menschen und das Gemeinwohl sind Fragen, die die gesamte Wirtschaftspolitik strukturieren müssten (Pt. 203). Wir dürfen nicht mehr auf die blinden Kräfte und die unsichtbare Hand des Marktes vertrauen (Pt 204)."*

In einem vom Papst offiziell genehmigten Bulletin (vom 6.1.2018) zum gegenwärtigen Finanzwirtschaftssystem finden sich ebenfalls sehr klare Aussagen zur kapitalistischen Marktwirtschaft. Demnach werde immer klarer, dass sich Egoismus auf lange Zeit nicht bezahlt mache, sondern letzten Endes nur bewirke, dass alle einen viel zu hohen Preis zahlen müssten. Die Entstehung und Verbreitung einer Kultur, die zutiefst amoralisch sei, werde gefördert. Solange der erhoffte Vorteil größer als die zu erwartende Strafe sei, schrecke man noch nicht einmal vor Verbrechen zurück. Es sei offensichtlich, dass die Märkte nicht imstande seien, sich selbst zu regulieren. Das Wohl dürfe nicht bloß auf materielle Aspekte reduziert werden, sondern betreffe den ganzen Menschen – überall. Man hätte die jüngste Finanzkrise nutzen können, eine neue Wirtschaft zu entwickeln, die größeren Wert auf ethische Prinzipien setze. Jetzt aber bekomme man sogar den Eindruck, als wäre ein oberflächlicher, kurzsichtiger Egoismus zurückgekehrt, der das Gemeinwohl missachte und nicht daran interessiert sei, Wohlstand zu schaffen und zu verbreiten oder stark ausgeprägte Ungerechtigkeiten zu beseitigen. (nach: „Oeconomicae et pecuniariae quaestiones, Erwägungen zu einer ethischen Unterscheidung bezüglich einiger Aspekte des gegenwärtigen Finanzwirtschaftssystems", 6. Januar 2018, Rom)

Inzwischen ist es eine unbestreitbare Kirchenwirklichkeit, dass die neue Haltung der Kirche unter Papst Franziskus dem heutigen Wirtschaftssystem gegenüber, aber auch bezüglich anderer theologischen Fragen, vor allem unter den „Hardlinern" anderer hoher Kirchenvertreter für großen Unmut sorgt. Formulierungen wie *„Richtungskampf im Vatikan"* oder der *„Vatikan brennt"* sind heutzutage nicht Ungewöhnliches mehr.

Der Vatikan-Kenner, Marco Politi, vertritt die Ansicht, dass es so einen direkten Angriff von Kardinälen gegen den Papst noch nie gegeben habe. Und das sei nur die die Spitze des Eisbergs einer ständig wachsenden Opposition. *"Die Revolution, die Papst Franziskus in Gang gesetzt hat, macht ihm viele Feinde. Am gefährlichsten sind jene Feinde, die nicht offen auftreten, ihn nicht direkt angreifen. Das sind vor allem Persönlichkeiten aus seiner eigenen Kirche, die nicht mit seinen Vorstellungen zu einer armen Kirche für Arme, seine Idee einer transparenten Kirche einverstanden sind."* (*„Schwarze Liste – Was Katholiken nicht lesen sollten"*, Thomas Migge, 6.2.2017, deutschlandfunk.de)

Laut Leonardo Boff glauben die Kritiker von Papst Franziskus, zu denen an vorderster Stelle auch sehr hohe Würdenträger gehören, die offensichtlich den alten Zeiten unter Kardinal Ratzinger bzw. unter Benedikt XVI. nachtrauern, sie müssten Papst Franziskus korrigieren und ihn sogar in der Öffentlichkeit theologischer Fehler oder Irrlehren bezichtigen.

Papst Benedikt XVI. hatte bei seinem freiwilligen Rückzug vom Papstamt 2013 angekündigt, fortan *„verborgen vor den Augen der Welt"* zu wirken. Zum Tod von seinem wohl glühendsten religiösen Mitstreiter, seinem Bruder im Geiste, Joachim Kardinal Meisner (1933-2017), von 1989 bis 2014 Erzbischof von Köln, übersandte Benedikt eine Grußbotschaft. Diese trug sein Privatsekretär, Kurienerzbischof Georg Gänswein, beim Requiem für Meisner im Kölner Dom am 15. Juli 2017 vor. Dort fanden sich u. a. die folgenden Aussagen des emeritierten Papstes: *„Wir wissen, dass es ihm [Meisner], dem leidenschaftlichen Hirten und Seelsorger, schwerfiel, sein Amt zu lassen, und dies gerade in einer Zeit, in der die Kirche besonders dringend überzeugender Hirten bedarf, die der Diktatur des Zeitgeistes widerstehen und ganz entschieden aus dem Glauben leben und denken. Aber umso mehr hat es mich bewegt, dass er in dieser letzten Periode seines Lebens loszulassen gelernt hat und immer mehr aus der tiefen Gewissheit lebte, dass der Herr seine Kirche nicht verlässt, auch wenn manchmal das Boot schon fast zum Kentern angefüllt ist. "* („Papst em. Benedikt XVI. – Gedenkwort für Kardinal Meisner", 16.7.2017, kath.net)

Nicht wenige haben das – trotz anderslautender Beteuerungen – als massive Kritik an Papst Franziskus und dem Zustand der Kirche infolge seines Pontifikats verstanden. Ursprünglich hatte Benedikt gehofft, dass die Kirche nach seinem Rücktritt in ruhigere Gewässer käme.

War diese Grußbotschaft also im Grunde genommen die völlig übergriffige Kritik eines verbitterten alten europäischen Papst-Emeritus, der sein theologisches Lebenswerk in der Gefahr wähnt, dass dieses durch seinen Nachfolger, also sozusagen durch den amtierenden lateinamerikanischen „Barmherzigkeits-und-Befreiungs-Papst", nicht nur „verbeult", sondern am Ende sogar in wesentlichen Punkten in Frage gestellt wird?

Mit Verlaub, Herr Joseph Alois Ratzinger aus Marktl am Inn in Oberbayern, aber Weltkirche geht dann doch ein wenig anders, vor allem dann, wenn Nächstenliebe, Barmherzigkeit und Solidarität im Zentrum gelebter Glaubenspraxis stehen sollen, und nicht länger eine strikte „Entweder-oder-Professoren-Theologie", die schon immer unzureichend war.

Im Zusammenhang mit dem Missbrauchsskandal in der katholischen Kirche ist Papst Franziskus trotz klarer Stellungnahmen manchmal zu zögerlich und dadurch widersprüchlich in Erscheinung getreten. Ihn deshalb zum „Vertuscher" in diesem „epochalen Skandal" abzustempeln geht allerdings völlig an der Wirklichkeit vorbei. Genau das aber tut Kardinal

Burke inzwischen, der als erzkonservativer Mitstreiter von Benedikt XVI. und Kardinal Meisner gilt. Burke – der 2014 von Papst Franziskus von seinen einflussreichen Aufgaben im Vatikan entbunden wurde, der gute Kontakte zum ultrarechten Steve Bannon pflegt, dem früheren Berater von Donald Trump – nutzt jede sich ihm bietende Gelegenheit, um Franziskus anzugreifen. Zum Jahreswechsel 2018/19 äußerte er: *"Ich würde sagen, es ist mehr Verwirrung als alles andere. Ob wir so weit gehen sollten, seinen Rücktritt zu fordern, das ist eine andere Frage. Aber es ist wahr, dass für klassische Kommentatoren ein Papst, der von seinem Amt vor allem in dogmatischer Hinsicht abweicht, sich also der Häresie* schuldig macht automatisch aufhört, Papst zu sein." *[Anm. – Häresie laut Duden: von der offiziellen Kirchenmeinung abweichende Lehre; verdammenswerte Meinung; Ketzerei]*

Kardinal Rodriguez Maradiaga, Berater von Papst Franziskus nannte Kardinal Burke in einem anderen Zusammenhang (2017) einen enttäuschten armen Mann, der Macht wolle, sie aber verloren habe und der eben nicht das Lehramt der Kirche sei, dass einzig der Papst innehabe. Der deutsche Kardinal Walter Kasper, ebenfalls ein enger Mitarbeiter von Papst Franziskus zu Burkes Äußerungen: *"Das gehört sich nicht für ein Mitglied der Kurie. Es gibt schon Leute, die einfach dieses Pontifikat nicht mögen. Die wollen das so schnell wie möglich beenden und wollen sozusagen ein neues Konklave haben [Anm.: Kardinalsversammlung zur Wahl eines neuen Papstes]. Und das wollen sie auch vorbereiten, dass das in ihrem Sinne ausgeht. Den Missbrauchsskandal jetzt für diesen Zweck zu benützen, das scheint mir unangebracht zu sein."* *(„Papst Franziskus unter Druck – Scheitert der Hoffnungsträger?", Tilmann Kleinjung, BR, 8.1.2019, tagesschau.de; „Kardinal: Burke ist ein armer Mensch", Agathe Lukassek, 19.05.2017, katholisch.de)*

Den vielen Katholiken rund um den Globus kann man nur wünschen, dass der neue, spirituell inspirierte humane Geist von Papst Franziskus in der Zukunft erhalten bleibt und dass nach Papst Franziskus nicht aus wütender Gegenreaktion irgendein einseitiger, reaktionärer „Kardinal Trumpete" zum Papst gekürt wird. Das würde den Katholizismus endgültig in die Bedeutungslosigkeit katapultieren. Hat Papst Franziskus bisher genug einflussreiche Widersacher vom Hof geschickt?

Katholische Kirche und Kapitalismus heute

„Solange die Probleme der Armen nicht von der Wurzel her gelöst werden, indem man auf die absolute Autonomie der Märkte und der Finanz-

spekulation verzichtet und die strukturellen Ursachen der Ungleichvertei-
lung der Einkünfte in Angriff nimmt, werden sich die Probleme der Welt
nicht lösen und kann letztlich überhaupt kein Problem gelöst werden. Die
Ungleichverteilung der Einkünfte ist die Wurzel der sozialen Übel" (Ansprache von Papst Franziskus an die Teilnehmer der 3. Internationalen Begegnung der
Volksbewegungen, 5.11.2016, Rom, www.w2.vativan.va)

Der folgende Textausschnitt stammt aus der ebenfalls bemerkenswerten
Ansprache von Papst Franziskus an die Teilnehmer des „2. Welttreffens
der Volksbewegungen" in Santa Cruz, Bolivien, im Jahr zuvor. Aufgrund
der Eindringlichkeit seiner Worte wird die Haltung der kath. Kirche in
Bezug auf die kapitalistische Marktwirtschaft unmissverständlich klar:

„Beginnen wir mit der Einsicht, dass wir eine Veränderung brauchen!
Damit es keine Missverständnisse gibt, möchte ich klarstellen, dass ich
von den gemeinsamen Problemen aller Lateinamerikaner – und generell
auch der ganzen Menschheit – spreche. Von Problemen, die globalen
Charakter haben und die heute kein Staat im Alleingang lösen kann. Nach
dieser Klärung schlage ich vor, dass wir uns folgende Fragen stellen:

Sehen wir allen Ernstes ein, dass etwas nicht in Ordnung ist in einer Welt,
in der es so viele Campesinos [Landarbeiter] *ohne Grund und Boden, so*
viele Familien ohne Wohnung, so viele Arbeiter ohne Rechte gibt, so viele
Menschen, die in ihrer Würde verletzt sind?

Sehen wir ein, dass etwas nicht in Ordnung ist, wenn so viele sinnlose
Kriege ausbrechen und die brudermörderische Gewalt sich sogar unserer
Stadtviertel bemächtigt?

Sehen wir ein, dass etwas nicht in Ordnung ist, wenn der Boden, das Was-
ser, die Luft und alle Wesen der Schöpfung einer ständigen Bedrohung
ausgesetzt sind? ...

Es gibt ... einen unsichtbaren Faden, der alle Ausschließungen miteinan-
der verbindet – sie sind nicht isoliert, sie sind durch einen unsichtbaren
Faden miteinander verbunden. Können wir ihn erkennen?

*Es handelt sich nämlich nicht um diese Einzelprobleme. **Ich frage mich,***
ob wir fähig sind zu erkennen, dass diese zerstörerischen Wirklichkeiten
einem System entsprechen, das sich über den ganzen Globus ausgebrei-
***tet hat.** Erkennen wir, dass dieses System die Logik des Gewinns um jeden*
Preis durchgesetzt hat, ohne an die soziale Ausschließung oder die Zer-
störung der Natur zu denken?

Wenn es so ist, dann beharre ich darauf – sagen wir es unerschrocken: Wir wollen eine Veränderung, eine wirkliche Veränderung, eine Veränderung der Strukturen. Dieses System ist nicht mehr hinzunehmen; die Campesinos ertragen es nicht, die Arbeiter ertragen es nicht, die Gemeinschaften ertragen es nicht, die Völker ertragen es nicht... Und ebenso wenig erträgt es die Erde, »unsere Schwester, Mutter Erde«, wie der heilige Franziskus sagte. ... Die Zeit, Brüder und Schwestern, die Zeit scheint reif." (Ansprache von Papst Franziskus, 9.7.2015, Santa Cruz de la Sierra, Welttreffen der Volksbewegungen, www.w2.vatikan.va)

Wie aber kann diese Veränderung im Sinne der Kirche aussehen?

Für lange Zeit – und viele tun dies noch heute – lebte man in einer „Entweder-Kapitalismus-oder-Kommunismus-Welt". Lehnte man demnach den Kommunismus ab, was ja bekanntlich sofort entschieden geschah, dann blieb bzw. bleibt bis heute als Wahl ausschließlich die kapitalistische Marktwirtschaft übrig, da man bisher kein besseres System kennt. Auch die durchaus positive Soziale Marktwirtschaft ist ebenfalls Marktwirtschaft, lediglich ergänzt durch den leicht verletzbaren Zusatz „sozial".

So kommt es zu der widersprüchlichen Situation, dass einerseits viele Christen mit Papst Franziskus in vorderster Reihe den Kapitalismus inzwischen tabulos kritisieren: z. B. *„Diese Wirtschaft tötet"* oder *„Es gibt einen grundlegenden Terrorismus, der von der globalen Kontrolle des Geldes auf der Erde ausgeht und die gesamte Menschheit angreift"* oder *„Dieses verkümmerte System kann bestimmte kosmetische Maßnahmen anbieten, die keine wahre Entwicklung sind: wirtschaftliches Wachstum, technischer Fortschritt, größere »Effizienz« in der Produktion von Dingen, die man kaufen, benutzen und wegwerfen kann. Wir alle werden in eine schwindelerregende Dynamik des Wegwerfens eingebunden... Diese Welt lässt jedoch die ganzheitliche Entwicklung des Menschen nicht zu – die Entwicklung, die nicht auf den Konsum reduziert ist, die nicht auf den Wohlstand einiger weniger reduziert ist, sondern alle Völker und Menschen in ihrer vollen Würde einschließt ..."* (Papstansprachen s.o)

Deutlicher geht es kaum. Auf der anderen Seite wird höchst offiziell, allerdings häufig verschämt, dennoch mit Nachdruck betont, dass man nicht grundsätzlich gegen die Marktwirtschaft sei.

Was bleibt einem in der „Zwei-Möglichkeiten-Welt" – Kapitalismus oder Kommunismus? – denn auch anderes übrig, solange eine neue Alternative zum Bisherigen noch im Dunkeln liegt und man aber auf gar keinen Fall mit dem Kommunismus in Verbindung gebracht werden möchte? *„Wir wollen eine Veränderung, die durch die Zusammenarbeit zwischen den Regierungen, den Volksbewegungen und anderen sozialen Kräften bereichert wird, auch das ist klar. Doch es ist nicht so leicht, den Inhalt der Veränderung, sozusagen das soziale Programm zu bestimmen, das diesen Plan der Geschwisterlichkeit und Gerechtigkeit, die wir erhoffen, widerspiegelt. Das zu bestimmen, ist nicht leicht. In diesem Sinn erwarten Sie bitte kein Rezept von diesem Papst. Weder der Papst, noch die Kirche besitzt das Monopol für die Interpretation der sozialen Wirklichkeit, und sie haben auch keine Lösungsvorschläge für die gegenwärtigen Probleme. Ich wage zu behaupten, dass es gar kein Rezept gibt“*, so Papst Franziskus. *(Ansprache von Papst Franziskus, 9.7.2015, Santa Cruz de la Sierra, Bolivien, Welttreffen der Volksbewegungen, www.w2.vativan.va)*

Welche inhaltlichen Punkte aber sind für die katholische Kirche wichtig?

Die katholische Kirche von heute wünscht sich ein Wirtschaftssystem im Dienste der Völker, das – wie Kardinal Marx sagt *(Zitat – s. o.)* – um die ökologische und soziale Verantwortung ergänzt wird. Diese Wirtschaft sollte durch eine angemessene Regelung der Märkte – am besten durch ethische Prinzipien geleitet – zugleich die Freiheit jedes Einzelnen gewähren, wie auch dessen Schutz garantieren. Privateigentum sei ein natürliches Menschenrecht, angemessenes Gewinnstreben notwendig und der Staat dürfe nicht übermächtig alles bestimmen wollen. Dennoch sollte er die Würde und das Wohl jedes Einzelnen wie auch die Pflege des Gemeinwohls sicherstellen. Dabei dürfe man allerdings nicht mehr auf die blinden Kräfte und die unsichtbare Hand des Marktes vertrauen. Es sei offensichtlich, dass die Märkte als mächtiges Triebwerk der Wirtschaft nicht imstande seien, sich selbst zu regulieren. Die Erfahrungen der letzten Jahre hätten deutlich gezeigt, wie naiv das Vertrauen in eine vermeintlich funktionelle Unabhängigkeit der Märkte sei, die keiner Ethik unterlägen, so das oben bereits erwähnte vatikanische Bulletin vom 6.1.2018.

Spätestens nach diesen Ausführungen, sollte es unstrittig sein, das diese kirchlichen Vorstellungen niemals in einem Wirtschaftssystem realisiert werden können, das nach wie vor den eiskalt rational kalkulierenden Egoisten „Homo oeconomicus“ als seinen alles bestimmenden Ausgangspunkt hat. Die Eigenart geschlossener logischer Systeme verbietet das.

Ebenso kann dies eine freie Marktwirtschaft niemals leisten, da sie auf dem unerbittlichem Wettbewerb „jeder gegen jeden" aufbaut und nicht auf einem ergänzenden Miteinander, also auf Kooperation und Solidarität. Die von Adam Smith genannte und in der Folge von vielen Ökonomen spintisierte „unsichtbare Hand", also die „steile These" von der Selbstregulierung der Märkte zum Wohle aller, wonach in einer Gesellschaft voller Egoisten am Ende ein jeder zufriedengestellt sein soll, hat heute selbst im Bereich menschgemachter Mythen keinen attraktiven Stand mehr. Diese These wird wohl künftig zu den größten und vor allem folgenschwersten Irrtümern in der Geschichte des Homo sapiens zählen.

♦ **Wenn aber etwas nicht aussehen und funktionieren soll wie die kapitalistische Marktwirtschaft, dann kann sie es auch nicht sein!**

Die klare Konsequenz dieser Erkenntnis ist, dass die kapitalistische Marktwirtschaft künftig nicht länger als maßgebendes Wirtschaftssystem gelten darf. Gebraucht wird ein neues, alternatives Wirtschaftsmodell, das wesentlich ausgeglichener und intelligenter ist.

Wenn man endlich einzusehen bereit ist, dass die Welt weit mehr als lediglich Kapitalismus oder Kommunismus zu bieten hat, dann ist die Angst vor so einem Schritt unverständlich und geradezu kontraproduktiv. Es ist definitiv jetzt an der Zeit, eine in Wirklichkeit primitive Entweder-oder-Sicht und das sinnentleerte Festhalten an beiden desaströsen Wirtschaftssystemen endgültig zu überwinden. Erst dann kann sich der Blick für etwas qualitativ wirklich Neues öffnen, z. B. für die Alternative der sogenannten „Kooperationswirtschaft". Sie berücksichtigt im Grunde alles von dem, was bisher insgesamt als wünschenswert beschrieben wurde. Dieses Modell wird in einem späteren Kapitel genauer erörtert.

Da dieses intelligente Wirtschaftsmodell alles andere als einseitig oder sogar gottlos ist, sondern auch offensteht für jedwede fundierte, vielsichtige, selbstverständlich auch spirituelle Inspiration, könnte dieses Mal sogar die katholische Kirche – und vermutlich viele andere Christen auch – guten Gewissens in Echtzeit (und nicht erst Jahrhunderte später) mit dabei sein, wenn es um die Überwindung des heutigen ökonomischen Wahnsinns geht. Das wäre dann zum Nutzen aller: zum Nutzen von Mensch und Natur, von Eigen-, Fremd-, Gemein- und Universalwohl, gewiss auch zum Nutzen einer im Alltag gelebten Spiritualität durch die vom Glauben inspirierten Menschen. Dieses Mal gibt es keinen Grund, dass sich die Kirche erneut einseitig auf die Seite der Kapitalisten stellt und entsprechend wild um sich schlägt.

In Bezug auf die unverzichtbare Mitwirkung möglichst vieler Menschen am dringend benötigten Wandlungsprozess führte Papst Franziskus vor den vielen Vertretern der Volksbewegungen beim Treffen in Bolivien 2015 *(s. o.)* aus: *„Was kann ich, ein Cartonero, eine Catadora, ein Müllsucher, eine Müllsortiererin angesichts so vieler Probleme tun, wenn ich kaum genug zum Essen verdiene? Was kann ich Handwerker, Straßenhändler, Fernfahrer, ausgeschlossener Arbeiter tun, wenn ich nicht einmal Arbeitsrechte habe? Was kann ich Bäuerin, ich Indio, ich Fischer tun, wenn ich mich kaum der Unterwerfung durch die großen Unternehmen widersetzen kann? Was kann ich von meinem Elendsviertel, meiner Bruchbude, meinem Dörfchen, meiner Barackensiedlung aus tun, wenn ich täglich diskriminiert und ausgegrenzt werde? Was kann dieser Student, dieser Jugendliche, dieser Vorkämpfer, dieser Missionar tun, der durch die Stadtviertel und die Gegenden läuft mit dem Herzen voller Träume, doch nahezu ohne irgendeine Lösung für seine Probleme?*

Sie können viel tun, sie können viel tun! Sie, die Unbedeutendsten, die Ausgebeuteten, die Armen und Ausgeschlossenen, können viel – und tun viel. **Ich wage, Ihnen zu sagen, dass die Zukunft der Menschheit großenteils in Ihren Händen liegt, in Ihren Fähigkeiten, sich zusammenzuschließen und kreative Alternativen zu fördern,** *im täglichen Streben nach ... Arbeit, Wohnung, Grund und Boden und auch in Ihrer Beteiligung als Protagonisten* [hier: *Vorkämpfer*] *an den großen Wandlungsprozessen, an nationalen Veränderungen, regionalen Veränderungen und weltweiten Veränderungen.* **Lassen Sie sich nicht einschüchtern! Sie sind Aussäer von Veränderung.**" *(Santa Cruz 2015 – s. o.)*

Was aber erst können Menschen, die vergleichsweise über gute materielle und technische Möglichkeiten verfügen, die gut vernetzt sind und die eine aufwendige Schulbildung genossen haben, ihrerseits alles zu den notwendigen Veränderungen beitragen? Offensichtlich sehr viel! Sie müssen es allerdings wollen und endlich tun! Entspricht genau das aber nicht sogar der ureigenen Verantwortung eines jeden Menschen gegenüber Mitmensch und Natur? *„Die gerechte Verteilung der Früchte der Erde und der menschlichen Arbeit ist keine bloße Philanthropie* [Menschenfreundlichkeit]. *Es ist eine moralische Pflicht. Für die Christen ist die Verpflichtung noch stärker: Es ist ein Gebot"*, so Papst Franziskus *(Santa Cruz 2015 – s. o.)*.

Sozialismus und Kommunismus

Der Begriff Kommunismus stammt von dem lateinischen Begriff „communis" ab *(gemeinsam // salus communis = Gemeinwohl)*. Die kommunistischen Bewegungen waren mehr oder weniger stark vom Marxismus beeinflusst. Nach dessen Vorstellung von einer idealen Gesellschaft sollen alle Menschen gemeinsam über die für den Lebensunterhalt notwendigen Produktionsmittel verfügen. Gemeinsam erzeugte Werte sollen gerecht verteilt, die verschiedenen Klassen aufgelöst, alle Menschen gleichberechtigt und niemand mehr bevorzugt werden. Insgesamt soll so die Ausbeutung der Menschen durch andere Menschen endgültig beendet sein. Nach Überwindung der eigenen Entfremdung durch Abhängigkeit sei das Ziel die freie Selbstentfaltung eines jeden und damit die Befreiung von allen sozialen, ökonomischen, politischen und religiösen Zwängen. Der neue Mensch sei nicht mehr geprägt durch Eigennutz und Gewinnstreben. Dieser solle [so die spätere sowjetische Propaganda) selbstlos denken und handeln und die kommunistische Ordnung uneingeschränkt verinnerlicht haben.

Marx sah als Voraussetzung dafür den revolutionären Sieg der abhängig Beschäftigten (der Proletarier) und die anschließende „Diktatur des Proletariats". Er vertrat die Auffassung, dass der Kapitalismus durch seine Exzesse und selbst erzeugten Krisen – z. B. durch die immer extremere Spaltung der Gesellschaft in wenige Reiche und immer mehr Arme, durch ein System von Schwindel und Betrug – am Ende zugrunde gehe. Er bezeichnete die dann auf den Kapitalismus folgende Gesellschaftsform als Kommunismus – mit einer ersten Phase (später auch Sozialismus genannt) und einer höheren Phase (Kommunismus genannt).

Die Lehre des Sozialismus bzw. Kommunismus hat sich vor allem seit Beginn des 19. Jahrhunderts als Reaktion auf das sich entfaltende kapitalistische Wirtschaftssystem verbreitet. In dieser Zeit wurde die Ausbeutung der Arbeiter, die für wenig Lohn schwer und lange arbeiten mussten, auf die Spitze getrieben. Einerseits wurden die Besitzer der Fabriken und Maschinen, die sogenannten Kapitalisten, immer reicher und konnten in Wohlstand leben, während hingegen die Arbeiter in völlig unwürdigen Zuständen lebten und nur unwesentlich von den durch ihre Arbeit erzeugten Werten profitierten. Der Brockhaus *(in Text und Bild, Bibliographisches Institut & F. A. Brockhaus AG, 2006)* erklärt den Begriff des Sozialismus u. a.

„... als Gegenmodell zum Kapitalismus entwickelte politische Lehre, die bestehende gesellschaftliche Verhältnisse mit dem Ziel sozialer Gleichheit und Gerechtigkeit verändern will, eine nach diesen Prinzipien organisierte Gesellschaftsordnung sowie eine politische Bewegung, die diese Gesellschaftsordnung anstrebt; im Marxismus das Übergangsstadium von der kapitalistischen zur kommunistischen Gesellschaftsformation."

Im Zusammenhang mit dem Sozialismus findet sich eine große Zahl an unterschiedlichen, zum Teil auch gegensätzlichen Erklärungen. Die Spannbreite reicht vom Staatssozialismus sowjetischen Typs – dem marxistisch-leninistischen (revolutionären) Kommunismus, bis hin zum (gemäßigten) demokratischen Sozialismus, zum Beispiel mit dem Modell des schwedischen Wohlfahrtsstaates oder der deutschen Sozialdemokratie nach ihrer Neuorientierung 1959, festgehalten im so genannten Godesberger Programm, und ihrer Entwicklung zur Volkspartei. Die Marktwirtschaft wird vom demokratischen Sozialismus vom Grundsatz her nicht abgelehnt, wohl aber soll diese eine klare soziale Prägung erhalten.

Ab der zweiten Hälfte des 19. Jahrhunderts sahen sich die aus der Arbeiterbewegung hervorgegangenen Parteien in West- und Mitteleuropa trotz ihrer grundsätzlichen Systemkritik aus pragmatischen Gründen zunehmend dazu gezwungen – um im Parteienspektrum überhaupt Gehör und Einfluss gewinnen zu können – ihre Position eher innerhalb des bestehenden Wirtschaftssystems als soziale Reformkraft zu finden, sozusagen als „gemäßigter Reform-Sozialismus", denn als destruktive Revolutionspartei mit dem Drang zur Abschaffung des Systems. Auf diese Weise entstand ein ideologisch tiefer Graben zwischen dem demokratischen Sozialismus (innerhalb der kapitalistischen Marktwirtschaft) und dem revolutionären Sozialismus, also dem Marxismus bzw. dem leninistischen Kommunismus (außerhalb der kapitalistischen Marktwirtschaft).

Die russische Oktoberrevolution 1917 und die darauf folgende Ausbreitung des Kommunismus „sowjetischen Modells" führten z. B. in Deutschland zur Abspaltung der KPD *(der Kommunistischen Partei Deutschland)* von der SPD *(der Sozialdemokratischen Partei Deutschlands)*. Durch ihre großen ideologischen Unterschiede schafften sie es später nicht mehr, eine Einheitsfront zu bilden, die 1933 die Machtübernahme Adolf Hitlers hätte verhindern können. So wurde die Aufspaltung der deutschen Arbeiterbewegung zum wichtigen Faktor für Hitlers Machtergreifung. Die moskauhörige KPD betitelte eine mögliche Koalitionsregierung unter Beteiligung der SPD als

„tausendmal schlimmer als eine offen faschistische Diktatur, die einem geeinten, zum Kampf für seine Interessen entschlossenen Proletariat gegenüberstehen würde", so KPD-Führer, Ernst Thälmann. Welch ein katastrophales Beispiel für besessenen Dogmatismus! Am Ende blieben im Reichstag nur SPD-Abgeordnete als zu wenige Widersacher Hitlers übrig. *(„Das revolutionäre Russland in der Welt", Abraham Ascher, 22.10.2007, bpb.de)*

Wladimir Iljitsch Lenin (1870-1924), Vorsitzender der Kommunistischen Partei Russlands, 19922 Begründer der Sowjetunion, begann nach der Oktoberrevolution 1917 und der Machtübernahme durch die so genannten kommunistischen Bolschewiki, dem revolutionären Teil der Arbeiterpartei Russlands, mit der Verwirklichung seiner Vision einer sozialistisch-kommunistischen Gesellschaft. Die Ideen von Marx hatte er in seiner eigenen Ideologie an die russischen Verhältnisse angepasst. Diese fand weltweit Aufmerksamkeit und Nachahmer. Lenin sprach sich für eine gewaltsame Revolution aus, wonach der Parlamentarismus des wohlhabenden Bürgertums (der Bourgeoisie) zerstört, der Privatbesitz an den Produktionsmitteln aufgehoben, Privilegien von Funktionären abgeschafft und eine vergleichbare Entlohnung für alle eingeführt werden sollte. Sobald der Widerstand der Kapitalisten gegen die sozialistische Ordnung vollständig gebrochen, alle Klassenunterschiede beseitigt seien und der Staat in seiner damaligen Form aufgehört habe zu existieren, sei es möglich von Freiheit zu sprechen. Aber die Wirklichkeit des sowjetischen Kommunismus war eine völlig andere und hatte mit der Vorstellung von Marx in Bezug auf die freie Selbstentfaltung überhaupt nicht mehr zu tun. Im Gegenteil, das Paradies wurde versprochen, aber Gefängnisse geliefert.

Der als real existierender Sozialismus geltende Staat war eine strenge Ein-Parteien-Diktatur mit zentraler Planwirtschaft (Zentralverwaltungswirtschaft). Die herrschende Partei wurde als das Zentrum der wahren Erkenntnis angesehen, als maßgebendes Organ, das über die korrekte Umsetzung der auf der angeblichen Wissenschaftlichkeit von Marxismus und Leninismus beruhenden Gesellschaftsordnung wachte. Andere Meinungen wurden kriminalisiert, Pluralismus, Meinungs- und Pressefreiheit existierten nicht. Es gab quasi keine staatsfreien Räume mehr, also existierte kein Schutz privater Freiräume. Zeitweise war die Überwachung der Menschen brutal und fast lückenlos. In etwa 70 Jahren Sowjetkommunismus haben viele Millionen ihr Leben verloren, weil sie eine andere Meinung als die offizielle vertraten. Kritiker sprechen deshalb von Gewaltherrschaft oder sogar von einer „Terrorherrschaft", andere von einer Erziehungsdiktatur, in der als oberste Tugenden Loyalität und Gehorsam gelehrt wurden. Nachdem 1949 die Kommunisten die Macht in China übernahmen, lebte etwa ein Drittel der Weltbevölkerung unter kommunistischer Herrschaft.

„Historikern wird das 20. Jahrhundert als jenes Zeitalter gelten, in dem das revolutionäre Russland eine grundsätzlich neue gesellschaftliche, wirtschaftliche und politische (Welt-)Ordnung zu errichten suchte. Diese war jedoch zu weltfremd und idealistisch, um von den wirtschaftlich entwickelteren Staaten angenommen zu werden, und zu ineffektiv und politisch unattraktiv, um selbst dort, wo sie umgesetzt wurde, lange zu überdauern. Das vielleicht bleibendste Erbe des Kommunismus sind die Verwüstungen, die er in den Volkswirtschaften, im gesellschaftlichen und im politischen System dieser Länder angerichtet hat. Es wird Jahrzehnte dauern, bis diese Verwüstungen überwunden sind." (,,Das revolutionäre Russland in der Welt", Abraham Ascher, 22.10.2007, bpb.de)

Diese „Verwüstungen" sind genauso wie beim Kapitalismus nicht nur an Äußerlichkeiten, sondern auch im Denken vieler Menschen erkennbar.

Heute, etwa 200 Jahre nach Karl Marx, lässt sich unschwer erkennen, dass dieser in einigen seiner Erkenntnisse richtig lag, in anderen falsch, in vielem war er zu einseitig. Er war davon überzeugt, und dass war sein Anliegen, dass der Mensch im Kommunismus frei werde. Die Vergewaltigung der persönlichen Freiheit im Sowjetkommunismus sollte nicht auf ihn zurückgeführt werden. 1883 war er bereits verstorben. Laut Prof. Dr. Helga Grebig ist es unzutreffend mit dem Zusammenbruch des Sowjetkommunismus (1989-1991) und dem so genannten „Triumph des Kapitalismus" auch das Ende des Sozialismus bzw. des sozialdemokratischen Zeitalters unwiderruflich zu verbinden. Sozialismus sei kein geschlossenes System, keine bloße Vision, keine gefährlich verlockende Utopie, auch keine historische Notwendigkeit, aber ein geschichtlicher Sinnhorizont und ein alternatives, regulatives Prinzip gegenüber dem real existierenden Kapitalismus. (,,Sozialismus im 20. Jahrhundert", Brockhaus – s. o.)

Keines dieser einäugigen Systeme bietet eine kluge Antwort auf die heutigen Probleme, was aber nicht bedeutet, dass zwangsläufig alles schlecht war. Von einzelnen Aspekten lässt sich durchaus lernen. Der so genannte Kalte Krieg, die lebensbedrohliche Spaltung in eine Entweder-oder-Welt, lähmte die Menschheit in vielerlei Hinsicht – hoffentlich nie wieder!

Das Versagen der Systeme

Wer eigentlich hat ein Interesse daran,
in immer mehr Bereichen zum Fachmann werden zu müssen,
damit er nicht an jeder Ecke betrogen wird,
damit er überhaupt eine Idee davon hat,
wie er sich sinnvoll entscheiden kann,
in Bezug auf sich selber, die Gesellschaft und die Natur.
„Vertrauen ist gut, Kontrolle ist besser",
sollte nicht länger das zentrale Überlebensmotto sein müssen,
in der Gesellschaft, in der man lebt und leben möchte.
Solange aber das Eigenwohl offiziell vor allem anderen steht,
solange wird man immer wieder dazu genötigt,
sich vor den Übergriffen eiskalter Egoisten zu schützen.
Dabei geht es überhaupt nicht um blinde Un-Informiertheit,
sondern um die realistische Chance,
wieder ein wenig mehr Vertrauen haben zu dürfen.

Anmerkung: Das nicht bewiesene Grundaxiom der kapitalistischen Marktwirtschaft, der Homo oeconomicus, und das flankierende (theoretische) Regulierungsprinzip des Marktes durch Angebot und Nachfrage sind bewusst sehr schlicht gehalten, damit sich diese als Ausgangspunkt für die zahlreichen, darauf aufbauenden ökonomischen Rechenmodelle eignen. Mit der natürlichen Lebenswirklichkeit der Menschen haben sie trotz aller an den Haaren herbei gezogenen Argumente nur zum Teil etwas zu tun, obwohl sich die Menschen inzwischen sogar in ihrem Verhalten verhängnisvollerweise dem Menschenbild des Homo oeconomicus immer weiter annähern, wie an späterer Stelle noch erörtert wird. Die Eigenart aller geschlossenen logischen Systeme, die auf einseitigen bzw. unzulänglichen Prämissen aufbauen, ist, dass alle im Weiteren gezogenen Schlussfolgerungen ebenso unzureichend sind wie ihr absoluter Ausgangspunkt, obwohl sie innerhalb ihres noch so gewaltigen Systems stets vollkommen logisch sind. Die grundsätzliche Kritik an der kapitalistischen Marktwirtschaft muss deshalb fraglos an deren Grundlage ansetzen, was dann verständlicherweise zunächst ähnlich schlicht daherkommt. Und genau hier setzt dieses Buch an: Ein neuer Grundsatz soll benannt und die künftige Richtung vorgegeben werden, so dass auf dieser Grundlage möglichst viele beim Aufbau der neuen Wirtschaftsordnung sinnvoll kooperieren können. Niemand kann das alleine vollbringen.

♦ Wenn ein System in seiner Wurzel krankt, dann muss man es verlassen und eine neue, umfassendere Grundlage für ein wesentlich klügeres System finden. Nachbesserungen innerhalb eines Systems können höchstens eine räumlich und zeitlich eng begrenzte Linderung bewirken. Streng genommen sind sie reine Zeit- und Energieverschwendung und bergen zusätzlich die erhebliche Gefahr in sich, von der primären, unverzichtbaren Notwendigkeit des Systemwechsels abzulenken. Es ist definitiv jetzt keine Zeit mehr, sich in „Nebenkriegsschauplätzen" zu verrennen!

Beide konträren Gesellschaftssysteme wollen ursprünglich das Wohl aller:

▪ Das Versagen des Kommunismus als Staatsmodell – mit dem uneigennützigen (altruistischen) Menschen als Ziel – ist durch Misserfolg erwiesen und soll daher an dieser Stelle nicht weiter erörtert werden.

▪ Das Versagen der kapitalistischen Marktwirtschaft, mit dem eigennützigen (egoistischen) Menschen als Ausgangspunkt, ist ebenso unbezweifelbar, wird aber von vielen immer noch nicht erkannt und anerkannt.

Die bisherigen Beispiele sollten exemplarisch zeigen, was geschieht, wenn man Menschen unaufhörlich eiskalten Egoismus einredet und das Wohl aller dem gnadenlosen Wettbewerb von „Nutzen-Junkies" überlässt. Die angebliche Lebensweisheit – „ *Wenn jeder an sich denkt, ist an alle gedacht* " – ist ein verhängnisvoller Trugschluss und höchstens ein Argument derjenigen, die Nutznießer des bestehenden Systems sind. Nach dem Soziologen Wolfgang Streeck (geb. 1946) funktioniert der freie Markt in der kapitalistischen Marktwirtschaft nach dem soziologischen „Matthäus-Prinzip": „ *Wer hat, dem wird gegeben, und wer nicht hat, dem wird auch noch das genommen, was er hat.* " (*„Soziologe Wolfgang Streeck – Das kann nicht gutgehen mit dem Kapitalismus", Interview von Ferdinand Knaus, 8.1.2015, wiwo.de)*

Dass das nicht zum Wohl aller führen kann, versteht sich ganz von alleine. Für die verheerenden Auswirkungen des aktuellen Wirtschaftssystems könnten noch zahlreiche andere Beispiele angeführt werden, worauf aus

Platzgründen aber verzichtet wird. Stattdessen sollen einige wichtige prägnante Stellungnahmen als unmissverständliches Fazit ausreichen:

• Der Soziologe Streck weist in dem Interview (s. o.) daraufhin, dass der Kapitalismus mit seinem Alter von rund zweihundert Jahren ein historisches Phänomen sei und dass alles, was einen Anfang habe, auch ein Ende hat. *„Mein Bild vom Ende des Kapitalismus, das meiner Ansicht nach schon begonnen hat, ist das eines dauernd reparaturbedürftigen sozialen Systems. ... Dass der Kapitalismus die Krisen der Vergangenheit überlebt hat, bedeutet nicht, dass das auch in Zukunft so bleibt. Nur die heutigen Standard-Ökonomen mit ihrem mechanistischen Weltbild blenden aus, dass der Kapitalismus historisch, also endlich ist. ... Eine Gesellschaft ohne Sicherheit und Solidarität, von Zynismus zerfressen und ständig von platzenden Blasen bedroht, in der sich rettet, wer kann, zusammengehalten durch grenzenlose Konsumlust am Rande der ökologischen Möglichkeiten, das kann nicht gutgehen."*

• Auch Physiker, die in dem interdisziplinären Ansatz, „der Ökonophysik", wo wesentlich komplexere Rechenmodelle als bisher benutzt werden, mit Wirtschaftswissenschaftlern zusammenarbeiten, können nur noch staunen, dass Ökonomen sogar an längst überholten bzw. widerlegten Konzepten festhielten und eher verzweifelt unerwartete Ereignisse als „bloße Ausreißer" abtun, anstatt die längst notwendige Hinterfragung ihres Systems in Angriff zu nehmen. In der jahrhundertealten Physik seien Fehlschläge bzw. das Verwerfen unbrauchbarer Theorien an der Tagesordnung, etwas was Physiker gelernt hätten. In dieser Hinsicht könne die „altehrwürdige Physik" der jungen Ökonomie noch sehr viel beibringen. *(s. „Herdentrieb und Panik statt Angebot und Nachfrage", G. Szpiro, 3.12.2008, nzz.ch)*

• *„Das Ende des Kapitalismus wird kommen. ... Wir sollten nicht aufhören, wegen der desaströsen Ergebnisse des Kommunismus im 20. Jahrhundert über alternative Wege nachzudenken. Ganz im Gegenteil ...",* so Thomas Piketty (geb. 1971), viel beachteter französischer Wirtschaftswissenschaftler. Karl Marx sei kein Prophet gewesen, aber er habe die Gefahren einer ungerechten Verteilung von Kapital korrekt beschrieben. Heute sei die Ungleichheit in der Welt fast wieder so groß wie vor den Weltkriegen. *„Die Art und Weise, wie sich Vermögen konzentrieren, ist ein Faktor, der gesellschaftliche Spannungen und nationalistische Tendenzen hervorbringt. ... Wenn alle nur auf ihre eigene Wettbewerbsfähigkeit schauen, passiert de facto gar nichts. Diese ewige Logik des »Jeder für sich« be-*

hindert den Kampf gegen die Ungleichheit. " Laut Piketty wird eine Ökonomie gebraucht, in der das Wort „gerecht" mehr als ein Beiwort ist. *(„Das
Ende des Kapitalismus wird kommen", Jean-Marie Magro, 5.5.2018, haz.de)*

• Im Umfeld des Weltwirtschaftsgipfels in Davos 2019 wurde selbst bei
den Experten eine zunehmende Ratlosigkeit bezüglich der weltweiten
Probleme sichtbar. Die Frage kam auf, ob es mit den global offenen „Tur-
bo-Märkten" überhaupt so weitergehen könne. Experten sei bewusst, dass
die Globalisierung *„die Reichen noch reicher und viele Arme noch ärmer
gemacht habe"* Man wisse aber nicht, wie das wieder zu ändern sei.
Frankreichs Finanzminister Bruno Le Maire sprach von einer *"Krise des
Kapitalismus, der nicht mehr die Bedürfnisse der Menschen befriedigt".*
(nach: „Globalisierung, den Mächtigen fehlen die Ideen", W. Krach, 25.1.2019, sz.de)

• *„Die Shareholder-Value-Doktrin [Doktrin vom Aktionärswert] ist kein Na-
turgesetz. Es wird Zeit, sie zu ersetzen. Mit Ideen, die dafür sorgen, dass
Manager und Unternehmen sich den Interessen der Arbeitnehmer und der
Allgemeinheit ebenso verpflichtet fühlen wie den Eigentümern des Kapi-
tals. "* *(„Finanzkrise – Ein System für die Elite", Heike Buchter, 15.9.2018, zeit.de)*

• Nach Mark Schieritz, wirtschaftspolitischem Korrespondenten der
ZEIT, sterben Ideologien oft einen leisen Tod. Wenn ihre Zeit gekommen
sei, würden sie klammheimlich entsorgt, dann stelle niemand unangeneh-
me Fragen. In seinem Artikel, *„Tod eines Dogmas"*, schrieb er, dass sogar
der Internationale Währungsfonds (IWF) inzwischen zugegeben habe,
dass durch die Entfesselung der Marktkräfte die Wirtschaft in vielen Fällen nicht gestärkt, sondern sogar geschwächt werde. Der Markt brauche
Schranken, weil dort Menschen agierten. Mit dieser Erkenntnis des IWF
werde zumindest der Idee des Neoliberalismus, deren Anhänger zeitweise
fast wie die Prediger einer Heilslehre auftraten, hochoffiziell das Ende
bereitet. *(nach: „Tod eines Dogmas", Mark Schieritz, 5.6.2016, zeit.de)*

• *„Es gibt kein richtiges Einkaufen im falschen Weltwirtschaftssystem"*,
so Kathrin Hartmann (geb. 1972), Journalistin *(u. a. für die „Frankfurter Rundschau", die „taz", die „Titanic" oder für „Neon")*. Ihre Erkenntnis hat sie aus dem
Aphorismus des Philosophen Theodor W. Adorno – *„Es gibt kein richtiges Leben im falschen"* – abgeleitet. Adorno hatte diesen Satz unter dem
Eindruck des nationalsozialistischen Terrors geschrieben, vor dem er 1938
in die USA emigrierte. Kathrin Hartmann ist davon überzeugt, dass sich
der Weltmarkt durch das Handeln im Kleinen nicht wirklich ändere, sondern lediglich das eigene Gewissen. Man bräuchte mehr Protest für eine

gerechtere Gesellschaft mit glasklaren Gesetzen, die weltweit Geltung hätten und allen Menschen zugute kämen. Selbst die Nichtregierungsorganisationen seien ihrer Meinung nach nur Ausdruck einer *„gesellschaftliche Ohnmacht"*, die einen letztendlich davon abhielten, sich für einen Systemwechsel einzusetzen. Wer glaube, ohne politisches Engagement die Welt schmerzfrei verändern zu können, der irre gewaltig. („Ende der Märchenstunde", K. Hartmann, München 2009; „Kathrin Hartmanns Buch »Ende der Märchenstunde« ist zornig und unerbittlich", G. Tholl, 10.12.09, berlinerliteraturkritik.de)

• In dem bemerkenswerten Bericht des Club of Rome, *"Die Grenzen des Wachstums"*, wurde bereits 1972 der Kapitalismus zum Untergang verdammt, da er Wachstum benötige, es aber in einer endlichen Welt kein unendliches Wachstum geben könne.

• *„Der Kapitalismus wird chaotisch und brutal zusammenbrechen – nach allem, was man bisher weiß"*, so Ulrike Herrmann (geb. 1964), Wirtschaftskorrespondentin und Buchautorin, in ihrem Essay, *„ Vom Anfang und Ende des Kapitalismus"*, veröffentlicht bei der Bundeszentrale für politische Bildung. Und weiter: *„Doch das zentrale Problem ist leider ungelöst: Es fehlt die Brücke, die vom Kapitalismus in diese neue "Postwachstumsökonomie" führen soll. Über den Prozess der Transformation wird kaum nachgedacht. Der Kapitalismus fährt gegen eine Wand, aber niemand erforscht den Bremsweg. ... Wie man den Kapitalismus transformieren kann, ohne dass er chaotisch zusammenbricht – das muss noch erforscht werden."* (bpb.de)

♦ **Neuanfang jetzt:** Die Aussagen von Ulrike Herrmann signalisieren die dringende Notwendigkeit, dass sich unverzüglich weltweit die klügsten Experten mit u. a. den beiden folgenden zentralen Fragen beschäftigen:

1) Wie kann das neue Wirtschaftssystem ganz konkret aussehen?

2) Wie lässt sich der Übergang ohne Chaos gestalten?

Es ist nicht nur an der Zeit, dass man sich in der Fachwelt endlich solch ein Denken ohne Ansehensverlust erlauben kann, sondern es besteht geradezu die Unverzichtbarkeit und Pflicht dazu! Der entsprechende Druck von unten muss deshalb unverzüglich derart groß werden, dass auch der letzte Politiker die Notwendigkeit erkennt, den entsprechenden Auftrag an die Wissenschaft zu erteilen. Die Zeit der Nebensächlichkeiten ist vorbei. Es kann nur noch ums Ganze gehen – ausgewogen und parteiübergreifend, global und nicht national-egoistisch. Vielsichtigkeit ist das Gebot!

Den Ausweg eröffnen

Das 21. Jahrhundert

Es ist definitiv jetzt an der Zeit,
dass die Menschheit einen Weg beschreitet,
der all die Auswüchse endgültig hinter sich lässt
und all die positiven Ansätze aufgreift und vertieft.
Die Zeit zwanghaften Beharrens
auf fatal missratenen Fantasien
ist ein für alle Male vorbei!

Ja, es ist nicht leicht, aus dem Zustand tiefer Eingelulltheit aufzuwachen.
Ja, es braucht Einsicht, um die Notwendigkeit zum Handeln zu erkennen.
Ja, es braucht Mut und Stärke, um das Neue überhaupt denken zu können.
Ja, es braucht Kraft und Inspiration, um den richtigen Weg einzuschlagen.
Allerdings ist es die Erfahrung von Erfülltheit, die einen fortan begleitet.

Der mittlere Weg

Im Buddhismus wird der mittlere Weg
als Weg zur höchsten Erkenntnis und zur Erleuchtung gelehrt.
Dabei geht es nicht um eine statisch immer gleiche Mitte,
sondern um eine dynamische, stets angemessene Ausgeglichenheit.
Der Wahrheitssuchende soll im Extrem
weder den Weg der strengen Askese
noch den Weg ausufernder Sinnesfreuden beschreiten.
Im Fokus seiner Aufmerksamkeit stehen
sowohl die Achtsamkeit auf sein tiefstes Inneres
als auch ein von Liebe und Mitgefühl erfülltes Leben.

Innen und Außen,

Meditation und Ausdruck,

Selbstverwirklichung und Selbstlosigkeit

sind sich ergänzende Aspekte eines kompletten Menschen,

dessen Erfahrung von Ausgeglichenheit zugleich Weg und Ziel ist.

Man braucht kein Buddhist zu sein, um die Notwendigkeit zu erkennen, dass Einseitigkeiten und Extreme möglichst vermieden werden sollten und dass Ausgeglichenheit in keiner Weise Starre, sondern eine höchstgradig dynamische Harmonie bedeutet. Ausgeglichenheit misst sich an den konkreten Situationen mit ihren spezifischen Anforderungen und verdient es, jedes Mal neu justiert zu werden – besonders inmitten der Gesellschaft.

Was für einen Buddhisten durch Bemühung und innere Tiefe seinen angemessenen Ausdruck erhält, sollte sich einem denkenden Menschen in Bezug auf die gesellschaftlichen Belange durch die tabulose Anerkennung von vergangenen Erfolgen und Misserfolgen und die genaue Analyse der jeweiligen aktuellen Situation erschließen lassen, vorausgesetzt, man ist in seinen Bemühungen ernsthaft und vielsichtig – einem Buddhisten ähnlich.

Der Mittlere Weg vereint stets die Vielfalt in dynamischer Ausgeglichenheit, jenseits aller dogmatischen Einseitigkeit und Starre.

Dritte Wege

▪ „Der Personalismus" *(nach Emmanuel Mounier, Paris 1936)*, (theoretisch) Dritter Weg neben Individualismus und Kommunismus; Mensch als ambivalentes Wesen, als freier Entscheider zwischen Gier und Beherrschung.

▪ „Der Reformkommunismus" *(div. Ausprägungen – später z. B. im Prager Frühling 1986)* als Weg zwischen revolutionärem Kommunismus und reformistischer Arbeiterbewegung, zwischen Sowjetkommunismus und westlicher (Sozial-)Demokratie, aber als *„Sozialismus mit menschlichem Antlitz"*.

▪ „Die Soziale Marktwirtschaft" *(u. a. nach Wilhelm Röpke, Ludwig Erhard und Alfred Müller-Armack)*, Verbindung marktwirtschaftlicher Ordnung mit allg. sozialpolitischer Verantwortung und Regulierungen durch den Staat; zwischen Manchesterliberalismus und sozialistischer Planwirtschaft.

- „New Labour" bzw. „neue Sozialdemokratie": Gleichgewicht zwischen Regulierung und Deregulierung, zwischen ökonomischem und nichtökonomischem Bereich der Gesellschaft – „Keine Rechte ohne Pflichten".

- Das erfolgreiche Beispiel der BRD nach dem Zweiten Weltkrieg wird nach dem Politikwissenschaftler M.G. Schmidt auch als Dritter Weg zwischen dem skandinavischen Wohlstandskapitalismus *(der für sich alleine auch als Dritter Weg gilt)* und dem US-amerikanischen marktorientierten Kapitalismus verstanden. *(s. „Was sind Dritte Wege", Alexander Gallus und Eckhard Jesse, Aus Politik und Zeitgeschichte, S. 12, B 16-17/2001, bpb.de)*

Diese Beispiele sind stellvertretend. Das Angebot an „Dritten Wegen" ist insgesamt unüberschaubar. Es gibt diese Bezeichnung nicht nur im wirtschaftlichen Bereich. Dieser Begriff ist aufgrund der daraus entstandenen Unschärfe aktuell ungeeignet und soll hier nicht zur Anwendung kommen.

Auffallend ist, dass genaugenommen keiner dieser oben aufgeführten Wege ein wirklich neues System verkörpert – philosophisch gesehen vielleicht der erste. Die jeweilige Modifizierung findet entweder auf der Grundlage des einen oder des anderen Systems statt. Die Eigenschaft geschlossener logischer Systeme aber verlangt, dass man für ein neues System stets auch eine neue Grundlage braucht, wenn man definitiv eine grundlegende Neuerung und keine begrenzte Linderung erreichen möchte.

Beispielsweise ist die „Soziale Marktwirtschaft", bei all ihren temporären Erfolgen in der BRD, im Herzen immer Marktwirtschaft geblieben, allerdings mit dem Adjektiv (Beiwort) „sozial" versehen. Im Zusammenhang mit der Globalisierung und der weltweiten Öffnung der Märkte wurde aber in den letzten zwei Jahrzehnten das Beiwort „sozial" gewaltig gestutzt und z. B. durch die Verlagerung von Produktionen in Niedriglohnländer bewusst umgangen. So lange der Homo oeconomicus die Grundlage bleibt, solange kann es keine ausgeglichene Ordnung geben: *Es gibt kein Gleichgewicht im Ungleichgewicht und damit keine Ausgewogenheit.*

In Richtung Ausweg

Die neue globale Wirtschaftsordnung sollte möglichst umfassend sein, und damit unbedingt auf Vielsichtigkeit und Globaler Intelligenz aufbauen. Besonders im Zusammenhang mit einer dynamischen Ausgeglichenheit *(s. o.)* spielen Unterschiede und Gegensätze und deren gegenseitige Ergänzungen eine unverzichtbare Rolle. *[tiefer gehende Erklärungen s. u. a. im*

Vermeintliche Gegensätze wie z. B.: Einzelperson (Individuum) **und** Gesellschaft (Kollektiv), Freiheit **und** Verantwortung, Egoismus **und** Altruismus, Mensch **und** Natur sollten nicht länger gegeneinander ausgespielt werden, sondern alle – als gleichwertige und unverzichtbare, als sich gegenseitig ergänzende, komplementäre Aspekte – ihre Heimat in der neuen Wirtschaftsordnung finden können. Jenseits einseitiger Sichtweisen stellt das kein Problem dar und ist Ausdruck des neuen, zeitgemäßen Denkens.

Flankiert durch eine lebensnahe Ethik sollen sowohl die Bedürfnisse jedes Einzelnen (Bedarfsprinzip) als auch die Leistung jedes Einzelnen (Leistungsprinzip) angemessen beachtet werden. Dabei darf es nicht um ein gegenseitig starres Aufrechnen gehen, allerdings auch nicht um undifferenzierte Gleichmacherei. Hier muss das Prinzip der grundsätzlichen Gleichwertigkeit – nicht aber der Gleichheit – seinen praxistauglichen (lebensgerechten) Ausdruck finden – eine Aufgabe für Fortgeschrittene.

Solch ein Wirtschaftssystem sollte anpassungsfähig sein. Es sollte stets die Würde des Einzelnen, die Würde der Gesellschaft wie auch den nachhaltigen Umgang mit der Natur beinhalten und somit im Dienst von Mensch und Natur stehen. Es sollte das Eigen-, Fremd-, Gemein- und Universalwohl gleichermaßen wertschätzen und je nach Situation angemessen berücksichtigen. Somit kann es, wie Kardinal Marx fordert, seiner sozialen und ökologischen Verantwortung gerecht werden.

Selbstverständlich gibt es privates Eigentum, aber dessen Gebrauch darf dem Gemeinwohl nicht zuwiderlaufen *(„Sozialpflichtigkeit des Eigentums" – s. Grundgesetz der BRD)*. Natürlich wird es in bestimmten sensiblen Bereichen auch Gesellschaftseigentum geben. Auch werden Märkte existieren, allerdings mit „gesundem" Wettbewerb, flankiert durch klare Bestimmungen im Sinne des neuen Menschenbilds, des kooperierenden Menschen.

Ob es das alles jemals geben kann? Selbstverständlich, wenn man es denn will und man endlich seine „Einseitigkeits- und Egoismusbrillen" ablegt.

♦ Das wichtigste von allem aber ist, dass dieses System nicht am lebenden Menschen vorbei konzipiert und installiert wird. Es sollte dem menschlichen Potenzial und der Lebenswirklichkeit der Menschen – im klaren Unterschied zu allen bisherigen Wirtschaftsordnungen – möglichst genau entsprechen. Deshalb muss die fundierte, tabulose und adäquate soziale Selbsterkenntnis am Anfang aller Bemühungen stehen.

Die soziale Selbsterkenntnis

Menschenaffen

Wer wirklich etwas über die Natur des Menschen wissen möchte,
der sollte heutzutage besser die Menschenaffen studieren,
denn die sind glücklicherweise nicht beeinflusst
durch den Glauben an den egoistischen Homo oeconomicus.

Menschenaffen (außer den Orang-Utans) gelten als sehr soziale Tiere. Auch diesen sogenanten Hominiden („Menschengestaltigen") ist es offensichtlich nicht fremd, dass sie in einer funktionierenden Gemeinschaft viel erfolgreicher sind als auf sich allein gestellt. Auf gemeinschaftsschädigendes Verhalten wird seitens der Gruppe häufig mit deutlich vernehmbarer Abneigung reagiert. Menschenaffen verbringen sehr viel Zeit mit gegenseitigem Lausen und Kraulen, was als aktive Förderung des Gruppenzusammenhalts gilt. Sogar Formen von Selbstlosigkeit können bei ihnen beobachtet werden: z. B. gegenseitige Hilfe und Austausch von Werkzeugen, ohne das Erfolgen einer direkten Gegenleistung. Wird die Gruppe angegriffen, steht an vorderster Front das Alpha-Männchen – mit allen persönlichen Risiken für Leib und Leben. Da beim Homo sapiens der selbst eingeredete Egoismus das Bewusstsein vom natürlichen Gruppenzusammenhalt bereits häufig hat verkommen lassen, gibt es Situationen, bei denen einzelne Vertreter als überzeugte Träger ihrer modernen „Egoismus-Brille", weit weniger sozial als manche Menschenaffen agieren. (*u. a. „Wildtiere – Menschenaffen", Jennifer Dacqué, 17.07.2018, planet-wissen.de*)

Wie also ist der Mensch von seiner Natur her wirklich?
▪ Ist er der selbstsüchtige, durch und durch auf Eigennutz bedachte Egoist, wie es ihm das Bild des Homo oeconomicus vorzugaukeln versucht?
▪ Oder ist er der selbstlose, durch und durch uneigennützige, stets ausschließlich auf das Wohl seiner Mitmenschen bedachte Altruist, wie es im Sowjet-Kommunismus spintisiert wurde?
▪ Oder gibt es generell keine einseitig festgelegten Charaktereigenschaften und der Mensch umfasst in sich viele Aspekte mit der eigenen Entscheidungsgewalt über sein jeweils konkretes Denken und Verhalten?

Mutter Teresa – Inbegriff der Selbstlosigkeit?

„Freude ist Gebet, Freude ist Stärke, Freude ist Liebe, Freude ist ein Netz von Liebe, mit dem man Seelen fangen kann. Den fröhlichen Geber hat Gott lieb. ... Ein fröhliches Herz ist in der Regel das Ergebnis eines Herzens, das vor Liebe brennt. Lasst niemals etwas euch so mit Sorgen erfüllen, dass ihr die Freude des auferstandenen Christus vergesst. Lieben muss ebenso natürlich sein wie leben und atmen." *(„Die Sprache der Hoffnung: Mutter Teresa", Peter Helbich, S. 12, Gütersloh 1984)*

„Was mich betrifft – so habe ich nur einen einzigen Wunsch – Gott so zu lieben, wie er noch nie geliebt wurde, mit einer tiefen, persönlichen Liebe. *(Schreiben von Mutter Teresa an Erzbischof Périer, 17.11.1956, „Mutter Teresa – Komm sei mein Licht", Pattloch Verlag, München 2007, Hrsg. Brian Kolodiejchuk MC, S.198)*

Beschäftigt man sich mit der Frage nach der Möglichkeit von Selbstlosigkeit beim Menschen, dann stößt man nicht nur bei Christen auf die einhellige Überzeugung, dass einer der wenigen Menschen, der diese komplett verkörpert, Mutter Teresa (1910-1997) war, auch der „Engel von Kalkutta", die „Heilige der Gosse" oder die „größte Frau des 20. Jhs." genannt. Ihre eigene tiefe Überzeugung für ihr Wirken wurzelte in einer mystischen Begegnung mit Jesus *(1946 auf einer Fahrt durch Kalkutta, Indien)*, der sie aufgefordert haben soll, den Ärmsten der Armen zu dienen. Für ihren darauf folgenden Dienst an Obdachlosen, Kranken und Sterbenden erhielt sie 1979 den Friedensnobelpreis und wurde 2016 heiliggesprochen. In einer Biografie über Mutter Teresa wird diese vom Vatikan folgendermaßen charakterisiert: *„Ihre Seele war gefüllt mit dem Licht Christi, sie brannte in Liebe für ihn."* *(„Studie kratzt am Mythos Mutter Teresa", T. Matern, 8.3.13, sz.de)*

Ohne die Verdienste von Mutter Teresa schmälern zu wollen, so war ihre Wirklichkeit dann wohl doch eine andere, wie z. B. das beeindruckende Buch, *"Komm, sei du mein Licht!"*, nahelegt. Es wurde 10 Jahre nach ihrem Tod von Brian Kolodiejchuk veröffentlicht, einem engen Mitarbeiter und Postulator der Heiligsprechung, Direktor des Mutter-Teresa-Zentrums. Dort finden sich viele Original-Tagebuchauszüge und Briefe von Mutter Teresa. Sie sind ein erschütterndes Beispiel für die Zwiespältigkeit in ein und derselben Person. Im Folgenden einige Zitate von ihr:

„Beten Sie für mich, denn in meinem Inneren ist es eiskalt. Einzig dieser blinde Glaube trägt mich, denn in Wirklichkeit ist für mich alles nur Dunkelheit. Solange unser Herr nur daran Gefallen hat – zähle ich wirklich nicht." *(Schreiben an Erzbischof Périer, 15.12.1955, s. o. S.192)*

„Die Seelen ziehen mich nicht mehr an, der Himmel bedeutet nichts mehr, für mich schaut er wie ein leerer Platz aus, der Gedanke an ihn bedeutet mir nichts und gleichzeitig diese folternde Sehnsucht nach Gott. Bitte beten Sie für mich, dass ich ihn trotzdem weiter anlächle. (Schreiben an Erzbischof Périer, 28.2.1957, s. o. S.199)

„Die ganze Zeit lächeln. Die Schwestern und die Leute machen solche Bemerkungen. Sie glauben, dass mein ganzes Wesen von Glaube, Vertrauen und Liebe erfüllt ist und dass die Vertrautheit mit Gott und das Einssein mit seinem Willen mein ganzes Herz durchdringen müsste. Wenn sie nur wüssten ... wie meine Fröhlichkeit nur der Deckmantel ist, unter dem ich die Leere und das Elend verberge. Trotz allem, diese Dunkelheit und Leere sind nicht so schmerzvoll wie die Sehnsucht nach Gott." (Schreiben an Pater Picachy, 3.7.1959, s. o. S. 219)

„Die Leute sagen, dass sie sich näher zu Gott gezogen fühlen, wenn sie meinen festen Glauben sehen. Ist das nicht ein Betrug an den Leuten? Jedes Mal, wenn ich die Wahrheit erzählen wollte – »dass ich keinen Glauben habe« – kommen die Worte einfach nicht, mein Mund bleibt verschlossen. Und dennoch lächle ich weiterhin Gott und alle anderen an." (Schreiben an [inzwischen] Bischof Picachy, 1962, s. o. S. 276)

„Pater, ich stelle fest, dass wenn ich meinen Mund aufmache, um zu den Schwestern und den Menschen von Gott und Gottes Werk zu sprechen, es ihnen Licht, Freude und Mut gibt. Doch ich selbst bekomme nichts davon. In mir ist alles dunkel und ein Gefühl, dass ich von Gott total abgeschnitten bin."(1985, Worte an Jesuitenpater Albert Huart über die „entsetzliche Nacht in ihrer Seele", die dieser als „keine vorübergehende Phase" bezeichnete, s. o. S. 353)

Die ins Vertrauen gezogenen Priester und Bischöfe haben jahrzehntelang diese tragischen Zustände als eine bei Mystikern und geistlichen Schriftstellern angeblich bekannte und von Gott so gewollte spirituelle Leere und Prüfung abgetan. Dass es sich dabei vermutlich um eine Erschöpfungs-Depression (z.B. durch Übereifer, Schlafmangel und innere Aufgezehrtheit) handelte, wurde nicht erkannt und deshalb auch nicht behandelt. Über diese erschreckenden persönlichen Zeugnisse hinaus gibt es auch ernstzunehmende Kritik an der angeblich nicht immer ganz so selbstlosen Arbeit des von ihr gegründeten und lange Zeit selbst geführten Ordens.

Das zeigt, es gibt keine hundertprozentige freudvolle Selbstlosigkeit, auch nicht bei der Personifikation des Altruismus, bei der hl. Mutter Teresa von Kalkutta. Das Ende dieser Illusion ist traurig, aber wahr und wachrüttelnd.

Individualismus oder Kollektivismus?

Bei den vermeintlichen Gegensätzen „Individualismus" und „Kollektivismus" verhält es sich grundsätzlich nicht anders: Einseitigkeit ist falsch.

● Der Individualismus

Dem Individualismus zufolge sind die Bedürfnisse des einzelnen Menschen wichtiger, als die Interessen der Gemeinschaft. Dem Individuum wird im Rahmen des geltenden Rechts maximale Freiheit gewährt. Egoistische Bestrebungen werden eher gefördert als vermieden, wobei Individualismus (Eigeninteressen vor Gemeinschaftsinteressen) und Egoismus (Eigenwohl statt Fremdwohl) nicht automatisch gleichzusetzen sind. Es kann sehr wohl Individualisten geben, die nicht als übertrieben selbstsüchtige und eigennützige Egoisten in Erscheinung treten.

Nach dieser vor allem im Westen vorherrschenden Anschauung des Individualismus stehen Selbstentfaltung und Selbstverwirklichung des Individuums im Mittelpunkt. Der einzelne Mensch muss wissen, was er will, und dieses gegenüber anderen auch durchsetzen können.

So sind u.a. folgende Eigenschaften für ihn sehr wichtig: Selbstbewusstsein, Selbstständigkeit, unabhängiges Denken, Kreativität, Kritikfähigkeit, Überzeugungskraft, Durchsetzungskraft und auch Egoismus. In der Gemeinschaft setzen sich diejenigen Argumente durch, die von der Mehrheit akzeptiert werden. Deshalb ist die Fähigkeit, andere Menschen von der eigenen Sicht überzeugen zu können, meist wichtiger als die Qualität und die Inhalte der Argumente, wie zum Beispiel in der heutigen Mediendemokratie von zahlreichen Politikern wirkungsvoll zelebriert wird.

● Der Kollektivismus

Dem Kollektivismus zufolge sind die Interessen der Gemeinschaft wichtiger als die Bedürfnisse des einzelnen Menschen. Der Mensch wird nicht als Individuum (Einzelwesen) wahrgenommen, sondern als Teil seiner jeweiligen Gemeinschaft (z. B. der Familie oder der Firma) bzw. der Gesellschaft als Ganzes. Der Einzelne ordnet sich bestmöglich dem Kollektiv unter. Egoistische Bestrebungen innerhalb der jeweiligen Gemeinschaft sind verpönt. Egoistisches Verhalten gegenüber Außenstehenden, auch gegenüber fremden Gemeinschaften, sind dagegen oft rauer Alltag.

Der Kollektivismus ist das vorherrschende Gesellschaftssystem in vielen Ländern Asiens. Dort steht die Harmonie der Gemeinschaft bzw. der Gesellschaft im Mittelpunkt. Der einzelne Mensch muss lernen, was das Kollektiv von ihm will und sich diesem anpassen.

So sind folgende Eigenschaften für ihn wichtig: Kenntnis und Verinnerlichung der gesellschaftlichen Ordnung, Nachahmung, Anpassung, Unterordnung, Selbstbeherrschung, Disziplin, Gehorsam, Höflichkeit und Aufopferung für die Anderen. Die jeweilige Gemeinschaft wird bestimmt durch eine hierarchische Ordnung und deren Vertreter (z. B. durch den Vater oder den Chef). Deshalb ist Unterordnung alles. Konformismus, die Unterwerfung des eigenen Denkens und Verhaltens unter das allgemein Vorherrschende, wird zwingend erwartet. Ein eigener Weg und Kritik sind dagegen in der Regel völlig unerwünscht.

Das Sinnbild für den Kollektivismus ist ein Nagelbrett mit Hunderten Nägeln, von denen alle akkurat die gleiche Länge und exakt die gleiche Ausrichtung haben. Bei Darbietungen chinesischer oder nordkoreanischer Akteure oder aber auch bei militärischen Aufmärschen ganz allgemein lassen sich die erstaunlichen massenhaften Synchron-Bewegungen – von dem einen als völlig faszinierend, von dem anderen als völlig abstoßend empfunden – beobachten. Das sind deutlich sichtbare Beispiele für kollektivistische Gleichmacherei.

Das „individualistische Nagelbrett" hingegen gliche einem recht eigenwilligen Nebeneinander mit ganz unterschiedlichen Längen und Ausrichtungen – der absolute Horror für jeden konformistisch geprägten Kollektivisten. Vielleicht käme ja jemand auf die rettende Idee, dies als „Kunstwerk der Individualität" anzupreisen. Sinnbild des Individualismus ist ein Nagelbrett jedenfalls nicht.

Welche dieser beiden sehr widersprüchlichen Modelle in Bezug auf das Zusammenleben von Menschen ist aber das bessere und sollte ein Modell für die Zukunft sein?

Durch das stetige Anwachsen des chinesischen Einflusses in der Welt, könnte die Menschheit in Zukunft genau mit dieser Frage noch sehr viel stärker als bisher konfrontiert werden. Im Gegensatz zum Individualismus des Westens, der dann möglicherweise sogar abgelöst werden könnte, spielt in China der Kollektivismus die zentrale Rolle – ein Grund für die anhaltende innere Abschottung trotz wirtschaftlicher Öffnung. Was aus dem Westen meist abwertend als Ein-Parteien-Diktatur bezeichnet wird, ist aus chinesischer Sicht das erfolgreiche Projekt eines 1,4 Milliarden-

Menschen-Kollektivs. Dagegen wirken 325 Millionen US-Amerikaner wohl eher wie ein antiautoritärer Kindergarten.

Im Sinne der Vielsichtigkeit ist es aber keine Frage: Keine dieser beiden sehr einseitigen Sichtweisen vom Menschen und seinem gesellschaftlichen Zusammenleben hat legitimen Anspruch darauf, alleiniges vorherrschendes Gesellschaftssystem zu sein. Gebraucht wird eine intelligente Mischung aus beiden.

♦ Die Tatsachen vom Individuum und von der Gemeinschaft:

▪ Jeder Mensch ist anders als der andere, also fraglos ein Individuum.

▪ Jeder Mensch kann ohne die Gemeinschaft mit anderen nicht überleben.

▪ Fazit: Da beides unbestreitbare Tatsachen sind, muss das künftige Gesellschaftsmodell beide Aspekte – Individualität und Gemeinschaft – gleichermaßen angemessen berücksichtigen.

● Die Kooperation

Heute weiß man, dass im Laufe der Evolution nicht automatisch die Stärksten überlebt haben, sondern die, die am besten mit den anderen zusammenarbeiten bzw. kooperieren konnten. Das Erfolgsrezept des Menschen in seiner evolutionären Entwicklung war also nicht der reine Egoismus, sondern die Fähigkeit zur Kooperation. Kooperation bedeutet die Zusammenarbeit mit anderen Menschen, bei der die jeweiligen Einzelinteressen so gut wie möglich berücksichtigt und gemeinsame Ziele verfolgt werden. Durch die gemeinsame Bündelung der Einzel-Energien kann jeder und auch die Gemeinschaft als Ganzes nur gewinnen.

So sollte jede Gemeinschaft eine Gemeinschaft von gleichberechtigten Individuen sein, die als freie Menschen ihr Heil nicht einzig und allein in der eigenen Selbstverwirklichung, sondern ebenso in der gemeinsamen Vervollkommnung der Gemeinschaft erkennen.

Kooperation ist das geeignete Mittel dafür, dass jeder innerhalb der Gemeinschaft seinen bestmöglichen Beitrag leisten kann. Unterschiede und Gegensätze werden nicht länger unterdrückt, sondern dienen als Bereicherung für den Lernprozess der Einzelnen und der Gruppe.

♦ Die Gesellschaft von morgen ist eine kooperierende Gesellschaft gleichberechtigter und freier Individuen mit dem Ziel sowohl individueller Selbstentfaltung als auch kollektiver Weiterentwicklung – weit entfernt von anarchischem Individualismus und zwanghaftem Kollektivismus. Hinzulernen müssen folglich alle – im Westen wie im Osten, im Norden und Süden natürlich auch.

Die Spieltheorie

Wirtschaftswissenschaftler überprüfen ihre Theorien häufig in Experimenten. Dabei benutzen sie konstruierte exemplarische Fallbeispiele (wie z. B. das „Gefangenendilemma" oder das „Urlauberdilemma") aus dem Bereich der sogenannten Spieltheorie. Die vielen interessanten Beispiele füllen Bücher, deshalb hier nur das wichtige Fazit eine Experten:

Der Professor für Wirtschaftswissenschaften, Kaushik Basu (geb. 1952), von 2012 bis 2016 Chefökonom der Weltbank, Erfinder des Strage-Spiels „Das Urlauberdilemma" (1994), fasste bereits 2007 in einem bemerkenswerten Artikel für das Magazin „Spektrum der Wissenschaft" seine durch die Spieltheorie gewonnenen Erkenntnisse zusammen. Im Folgenden die frei formulierte Wiedergabe seiner zentralen Gedanken:

1) Der ungehemmte Eigennutz ist nicht (unbedingt) gut für die gesamte Wirtschaft.

2) Der Mensch ist nicht (durch und durch) von ungehemmten Eigennutz getrieben.

3) Der Mensch entscheidet nicht (unbedingt immer) rational.

4) Bei ökonomischen Entscheidungen lassen sich Menschen (auch) von anderen Motiven leiten als vom Eigennutz.

5) Kaushik Basus persönliches Fazit: *„Vielleicht ist neben dem Egoismus auch der Altruismus fest in unserer Psyche verwurzelt."*

Und am Schluss seines Artikels in Bezug auf die häufige Wahl der Versuchsteilnehmer, sich eben nicht im Sinne streng ökonomischer Logik – nämlich stets besser als der andere sein zu wollen – zu verhalten: *„Die Idee eines Verhaltens, das aus rationaler Ablehnung rationalen Verhaltens entsteht, ist nicht einfach zu formalisieren. Es geht um nichts weniger, als die Auflösung der logischen Widersprüche der Spieltheorie, die das Urlauberdilemma auf den Punkt bringt."* *(„Das Urlauberdilemma", Kaushik Basu, 27.7.2007, spektrum.de, S. 82ff)*

Würde man Egoismus und Altruismus als in einem vielschichtigen Menschen gleichberechtigt nebeneinander existierende Aspekte anerkennen, wie Kaushik Basu es in seinem Fazit zaghaft andeutet, was allerdings eine Todsünde für jeden überzeugten Homo-oeconomicus-Fan darstellt, dann gäbe es die beschriebenen logischen Widersprüche in der Spieltheorie nicht länger und auch das Verhalten der vielen angeblichen „Abweichler" ließe sich rational erklären: Nicht die Bemühung, stets besser als der andere abzuschneiden, was in der Spieltheorie teilweise zu völlig irrsinnigen Entscheidungen führen müsste, aber in der Spielpraxis eben oft nicht führt, sondern das praktische Verständnis für Kooperation, wonach der größtmögliche Vorteil für beide viel wichtiger ist, könnte dann die rational völlig logische Erklärung für das von der Ökonomen-Theorie abweichende Verhalten sein. Es entspricht dem evolutionär erprobten, kooperativen Verhalten des Menschen. Wen wundert es? Es verwundert allerdings schon, dass so kluge Ökonomen wie Kaushik Basu – und die vielen anderen – nicht schon längst die Reißleine gezogen haben. Ganz offensichtlich bedürfen auch sie möglichst bald der endgültigen Befreiung aus dem geschlossenen logischen System der kapitalistischen Marktwirtschaft.

Exkurs: Die Deutsche Straßenverkehrsordnung

Nach den Grundregeln der deutschen Straßenverkehrsordnung erfordert die Teilnahme am Straßenverkehr *„ständige Vorsicht und gegenseitige Rücksicht"*. Niemand sollte behindert, gefährdet oder geschädigt werden.

Das Grundprinzip ist damit glasklar: Gegenseitige Rücksicht und Zusammenarbeit ist das oberste Gebot des Straßenverkehrs.

Würden in diesem Sinne die Ökonomen auf ihrer täglichen Autofahrt zur Arbeit einmal Augen und Verstand öffnen, dann könnten sie sofort glasklar erkennen, dass der Mensch auch völlig anders kann. Der Straßenverkehr, ohne dessen reibungsloses Funktionieren heutzutage die Weltwirtschaft sofort zusammenbräche, ist der moderne Beweis dafür, dass freie Menschen mit Hilfe von Regeln und durch Einsicht schon lange kooperieren können. Gegenseitige Rücksichtnahme ist auf der Straße die höchste Tugend, das „Recht des Stärkeren" dagegen kriminell.

Die Frage nach der Natur des Menschen wurde in diesem Kapitel umrissen und die grobe Richtung vorgegeben: Endgültig weg von einseitigen Antworten. In den folgenden Kapiteln wird diese Erkenntnis vertieft.

Die Kooperation

Den Anfang machen

Als erstes begräbt man seine Neigung,
stets besser als der andere sein zu wollen.
Dann hört man ein für alle Male damit auf,
seine Energien im Gegeneinander zu verschwenden.
Stattdessen beginnt man,
sein Potenzial im Miteinander zu vergrößern.
Wenn man Wissen und Kompetenzen mit anderen teilt,
werden diese Eigenschaften nicht weniger sondern mehr.
Wenn man Wohl und Zufriedenheit gemeinsam erlebt,
ist die Erfahrung nicht geringer, sondern beglückender.
Gelingende Kooperation zeichnet sich dadurch aus,
dass am Ende alle Seiten zufrieden sind.
Angemessener Umgang mit der Natur,
ist ebenfalls Ausdruck zeitgemäßer Ausgeglichenheit,
quasi Geben und Empfangen in Bezug auf seine Lebensgrundlage.
Das ist die kluge Verbindung von Eigen- und Fremdwohl,
der Garant für sinnvolle menschliche Entwicklung,
die Lösung für viele selbst verschuldete Probleme,
in Vergangenheit, Gegenwart und Zukunft.
Wir Menschen sind Meister der Kooperation!
Was also sollte uns noch aufhalten?

Diverse wissenschaftliche Erkenntnisse

• Evolutionswissenschaftler sehen heute nicht mehr die Konkurrenz, sondern die Kooperation als entscheidenden Antrieb in der Geschichte der Menschheit. *„Oberstes biologisches Prinzip ist die Kooperation"*, sagt

Joachim Bauer, Professor für Neurobiologie und Psychosomatik an der Universität Freiburg. **Nichts aktiviere die Motivationssysteme so sehr, wie der Wunsch von anderen gesehen zu werden und die Aussicht auf soziale Anerkennung. Das könne die Grundlage für die erfolgreiche Verwirklichung eines neuen Menschenbilds sein.** Die Menschen treibe weniger die Aussicht auf maximalen Nutzen an – als vielmehr das Erleben positiver Zuwendung. So sei der Mensch schon von seiner Natur her kooperativ „angelegt". *(„Packen wir's an", Nora Maria Zaremba, Freitag.de, 3.2.2016)*

Betrachtet man die Entwicklung der ersten Lebewesen bis hin zum heutigen Menschen, dann lassen sich in zahlreichen Zusammenhängen faszinierende Hinweise für eine kooperative bzw. symbiotische Grundstruktur sowohl von Leben ganz allgemein als auch von den unterschiedlichsten Lebewesen bis hin zum Menschen finden.

• Es ist heute in den Evolutionswissenschaften keine Frage mehr, dass seinerzeit Charles Darwin mit dem Begriff *„Survival of the fittest"* sehr oft falsch interpretiert wurde. Gemeint ist damit eben nicht das *„Überleben des Fittesten"* bzw. *„Stärksten"*, sondern das *„Überleben der Angepassten"*, wobei das englische Wort *„to fit"* mit *„sich anpassen"* und *„fit"* mit *„passend"* übersetzt bzw. erklärt wird. Dasjenige Lebewesen, das sich an seine Umwelt bestmöglich angepasst hatte, hatte die größte Überlebenschance. Die bis heute immer noch von manchen Ökonomen angeführte Argumentation, dass sich in der Evolution stets die Stärkeren gegenüber den Schwächeren durchsetzten, mag auf einzelne Situationen durchaus auch einmal zutreffen. Als Erklärung aber für das zentrale Prinzip der Menschheitsentwicklung ist diese Sicht schlichtweg falsch.

• Diverse Studien legen nahe, dass der Mensch im Laufe seiner evolutionären Entwicklung zahlreiche Formen von kooperativem Verhalten entwickelt hat. Diese halfen ihm, die Überlebenschancen zu vergrößern. Nicht nur bei der Verteidigung des eigenen Stamms, nicht beim Jagen, wo gemeinsame Strategien unverzichtbar waren, und bei der gemeinsamen Nahrungssuche, wo es wichtig war, sich sinnvoll zu ergänzen, sondern auch beim Aufziehen der Nachkommen spielte das kooperative Zusammenwirken verschiedener Gruppenmitglieder eine zentrale Rolle.

Im Vergleich zu anderen Primaten *(z. B. zu den Menschenaffen)* entwickelte der Mensch dadurch im Laufe der Zeit eine zwei- bis fünffach höhere Vermehrungsrate, was mit ein Grund für die immer schneller werdende Ausbreitung der Menschen insgesamt war. Im afrikanischen Sprichwort, *„Es braucht ein ganzes Dorf, um ein Kind großzuziehen"*, findet die Tatsache der Kooperation im Zusammenhang mit dem eigenen Nachwuchs seinen Ausdruck. In der Lebenswirklichkeit der heutigen Industriestaaten bedarf es der „bezahlten Kooperation" durch Babysitter, Tagesmütter, Kinderkrippe, Kindergarten, Schule, Nachhilfe etc. (u. a. „Evolution des Menschen: Kinderfürsorge erfolgt im Team", Joachim Czichos, 12.5.15, wissenschaft-aktuell.de) Die erfolgreiche Gemeinschaftsbildung zählte zu den ausschlaggebenden Fähigkeiten im Überlebenskampf. Am Ende überlebten nicht die stärksten Einzelkämpfer, sondern alle Mitglieder derjenigen Gruppe, in der Kooperation am besten funktionierte. So hatten die Kooperativen am Ende die besseren Chancen, sich fortzupflanzen und weiterzuentwickeln. Evolutionsbiologen bezeichnen diesen Effekt als „Gruppenselektion" – weit entfernt vom so genannten Gesetz des Stärkeren. Nicht nur überlegene Qualitäten Einzelner, sondern die soziale Intelligenz und die Qualität des Zusammenhalts innerhalb einer Gruppe entschieden über Erfolg oder Misserfolg. Kooperation entspricht also der evolutionären Natur des Menschen.

• Heute weiß man, dass in der Entwicklung des Menschen vor allem derjenige Gehirnbereich stark gewachsen ist, der für Vernunft und soziales Handeln zuständig ist. Der Mensch entwickelte so immer größere soziale Fähigkeiten. Kooperation gilt inzwischen als die Basis menschlicher Kultur. Für die evolutionäre Psychologie ist es deshalb keine Frage mehr: Der Mensch ist nicht nur ein Egoist, sondern auch ein Meister der Kooperation. Er ist zugleich ein Gemeinschaftswesen wie auch ein zeitweise auf Eigennutz bedachtes Wesen. Dabei wird der Mensch allgemein eher als ein „verhandelndes Wesen" denn als gewalttätiger Kriegsherr eingestuft.

Unterdrückung, Ausbeutung, Rassismus und kriegerische Auseinandersetzungen werden als einseitige Auswüchse von Egoismus und als Folge von mißlungenen Kooperationen gedeutet. Ganz offensichtlich haben der Einseitigkeits-Wahn des Homo sapiens ganz allgemein, aber auch die neuzeitliche Einbildung, dass er von seiner eigenen Natur her durch und durch ein egoistisches Wesen ist und stets nur der Stärkere Erfolg hat, einen erheblichen Anteil an den unzähligen asozialen Auswüchsen. Die gezielte Förderung von Kooperation sollte dem ein Ende bereiten können.

• Sogar am Anfang allen Lebens auf der Erde stößt man auf interessante Zusammenhänge. Geht es zum Beispiel um die Entwicklung erster Lebensformen, zum Beispiel um die ersten Zellen mit Zellkern und weiteren wichtigen Bestandteilen, die sogenannten Eukaryoten, aus denen sich später Mehrzeller, Algen, Pflanzen, Pilze, Tiere und Menschen entwickelten, dann überwiegt bei den meisten Biologen inzwischen die Erkenntnis, dass diese frühen Organismen nicht durch zufällige Mutationen und durch den Verdrängungskampf – jeder gegen jeden – entstanden sind, sondern aufgrund von einzigartiger Symbiose und dem konstruktiven Zusammenwirken artverschiedener Organismen, z. B. verschiedener Zellen ohne Zellkern wie Bakterien und Plastide, woraus dann etwas viel komplexeres, gut funktionierendes Neues entstand. Diese Erkenntnisse entlarven die bisherige Auffassung von Mutation und Selektion als alleinigen Motor der Evolution zumindest als Halbwahrheit. In der Entwicklung der Vielfalt der Lebewesen spielen Kooperation und Symbiose also eine mindestens ebenbürtige Rolle *(u. a. nach: „Lebewesen haben sich nicht egoistisch im Kampf, sondern durch Kooperation und Symbiose entwickelt", 18.2.18, nachdenkseiten.de)*

● Aus einem ganz anderen Bereich der Wissenschaft kommen sehr ernst zunehmende Hinweise auf angeborenes menschliches Verhalten. Es gibt zahlreiche Studien, die sich mit dem Verhalten von Menschen bzw. Menschenmassen in Extremsituationen bei Katastrophen beschäftigen. Die Ergebnisse widerlegen das weit verbreitete Vorurteil, dass Menschen dann nur noch auf ihr eigenes Überleben fixiert sind und schnell außer Kontrolle und in Panik geraten. Das Gegenteil scheint der Fall zu sein: Extreme Angst kommt häufig vor, blinde Massenpanik dagegen äußerst selten. Dem widerspricht nicht, dass vielleicht Einzelne in Panik geraten können.

Beispielsweise lief nach den Anschlägen auf das World Trade Center (am 11.9.2001) die Evakuierung der Menschen, die sich noch in den beiden Hochhäusern befanden, überwiegend ruhig ab. Die Menschen unterstützten sich gegenseitig. Nicht purer Egoismus, sondern Disziplin, Hilfsbereitschaft und Rücksicht zeichneten die Menschen mehrheitlich aus.

Laut dem amerikanischen Soziologen Lee Clarke liegt es in der menschlichen Natur, bei Katastrophen eher Gemeinschaftssinn und kooperatives Verhalten als blinden Egoismus zu entwickeln.

Natürlich gibt es davon Ausnahmen, die auch viel mit den äußeren Gegebenheiten zu tun haben. Das Interessante aber an diesen Studienergebnissen ist, dass es sich um Menschen in absoluten Extremsituationen handelt, bei denen der Wunsch zu überleben natürlich ganz oben steht und denen ganz einfach nicht die Zeit bleibt, lange über ihr Verhalten nachzudenken und sich zum Beispiel bewusst für soziales Verhalten zu entscheiden. Das, was sie tun, geschieht fast automatisch. Umso erstaunlicher, dass es sich dabei in der Regel um hilfsbereites, kooperatives Verhalten handelt. Nicht nur die Fähigkeit, sondern auch die Bereitschaft zur Kooperation ist also tief in einem Menschen verwurzelt. (Nach: „Massenpanik ist ein Mythos, sagt ein amerikanischer Soziologe", Ulrich Dewald, 12.8.2002, wissenschaft.de; „Gesellschaft + Psychologie – Mythos Massenpanik", Christine Amrhein, 15.7.2014, wissenschaft.de)

• Ebenfalls gibt es Situationen, in denen Menschen ihr Leben aufs Spiel setzen um andere, in Not geratene Menschen zu retten. Einige Forscher vergleichen solch ein Verhalten mit Instinktverhalten und nennen es einen „grundlegenden Instinkt der Menschlichkeit". In solchen Notsituationen würde ein starker Impuls Menschen dazu bewegen, ohne langes Zögern, also ohne langes Nachdenken, spontan einzugreifen und zu helfen – selbst wenn das eigene Risiko dabei sehr hoch ist und der eigene Nutzen gegen Null geht. In diesen Situationen, die immer wieder vorkommen, ist Mitgefühl und engagierte Hilfsbereitschaft eine quasi automatische Reaktion.

Laut dem Biologen Frans de Waal verhielten sich viele Lebewesen im richtigen Moment solidarisch und kooperativ. Innerhalb einer Art – bei Menschen innerhalb einer ihm bekannten Gruppe – trifft man auf dieses Phänomen am häufigsten. Aber auch artfremden Tieren bzw. nicht zu der jeweiligen Gruppe gehörenden Menschen kann diese Form der Notfallhilfe widerfahren. Vor allem Säugetiere können von sich aus den Impuls haben, auch artfremden jungen Tieren wie auch Kleinkindern zu Hilfe zu kommen. Solche Beispiele sind allgemein bekannt. Aber auch Erwachsene haben in Notsituationen schon die Hilfe von Tieren erfahren, zum Beispiel von Delfinen. Umgekehrt lassen zahlreiche Menschen nichts unversucht, um in Not geratenen Tieren zu helfen. Die Feuerwehren können mit ihren vielen diesbezüglichen Einsätzen „ein Lied davon singen".

Alle diese Beispiele – von denen es wirklich viele gibt – sind äußerst interessante Hinweise darauf, dass vor allem bei den Säugetieren und damit auch bei den Menschen in der Regel Hilfsbereitschaft und Kooperation tief im eigenen Verhaltensprogramm verankert sind und dass dieses Verhalten ganz natürlich ist.

Der Mensch sollte deshalb unbedingt damit aufhören, sich selber permanent egoistischer zu machen, als er es in Wirklichkeit ist, und infolgedessen ausschließlich den Egoismus fördernde Systeme meiden, diese am besten komplett abschaffen und kooperative installieren.

♦ Fazit: Die Erkenntnisse lassen keinen Zweifel zu!

Der Mensch ist von seiner evolutionären Natur her ein kooperatives Lebewesen, ein „Homo cooperativus". Das neue, lebensnahe Menschenbild, auf dem sich zukünftig die globale Wirtschafts- und möglichst auch die Gesellschaftsordnung aufbauen sollten, ist der „Kooperative Mensch".

Es gab und gibt niemals völlig einseitig den „Homo oeconomicus" ebenso wenig wie den altruistischen Menschen. Inzwischen ist es zu einer nicht mehr zu leugnenden Tatsache gereift, dass die Mär vom Homo oeconomicus eine der größten und folgenreichsten Verirrungen in der Menschheitsgeschichte darstellt, dicht gefolgt von der sowjetkommunistischen Fantasie eines selbstlosen Menschen. Der eine ist schon von seinem Thron gestoßen, der andere muss ihm *[ebenso gewaltlos!]* schleunigst folgen. Wer will denn jetzt noch ernsthaft dem Homo oeconomicus die Stange halten? Die Zukunft der Menschheit jedenfalls ist Kooperation.

Das „Wohl" und seine verschiedenen Begriffe

Es ist sinnvoll, den Begriff des Wohls um weitere Aspekte zu ergänzen:

- **Das Wohl** ist ein Zustand – bestenfalls vollständig und uneingeschränkt – in dem es einem rundum gutgeht: in dem (zumindest) das Wesentliche erwünscht und dieses Gesundheit, Erfolg und Glück versprechend ist

- **Das Eigenwohl** umfasst das Wohl von einem selber.

- **Das Fremdwohl** umfasst das Wohl eines anderen.

- **Das Persönlichkeitswohl** umfasst das persönliche Wohl eines jeden, ganz unabhängig von der jeweiligen Perspektive. Für einen selber ist das eigene Wohl „das Eigenwohl", wohingegen dieses für das Gegenüber „das Fremdwohl" ist. Umgekehrt verhält es sich natürlich ganz genauso. Das Persönlichkeitswohl beinhaltet beide Perspektiven des gleichen Wohls.

- **Das Gemeinwohl** umfasst das Wohl der Gemeinschaft in der sich eine Person (jeweils) befindet. Das Gemeinwohl existiert unabhängig bzw. ist nicht automatisch exakt das Persönlichkeitswohl jedes Einzelnen summiert zum Ganzen. Es kann sogar im Widerspruch zu div. Aspekten Einzelner stehen. Da es unzählige Gemeinschaften gibt, da selbst eine Person Mitglied ganz verschiedener Gemeinschaften sein kann (z.B. von Familie, Betrieb, Verein) gibt es auch zahlreiche ganz verschiedenen Ausprägungen von Gemeinwohl, die häufig sogar im Wettstreit miteinander stehen.

- **Das Universalwohl** ist die unverzichtbare Grundlage aller anderen Manifestationen des Wohls, die ihrerseits nicht als absolut, sondern als relativ einzuordnen sind. Hingegen umfasst das Universalwohl das Wohl der Menschheit und der Natur als Ganzes und genießt deshalb Vorrang.

▶ **Die zeitgemäße Definition von Kooperation**

Kooperation hat das Wohl aller Beteiligten zum Ziel. Kooperation berücksichtigt stets bestmöglich das Persönlichkeitswohl eines jeden Einzelnen und deren Gemeinwohl als Gruppe insgesamt – allerdings immer unter angemessener vorrangiger Berücksichtigung des Universalwohls.

Der Begriff der Kooperation im Zusammenhang mit der Natur bedeutet im folgenden Text stets die angemessene Rücksichtnahme auf die Natur.

Rahmenbedingungen für gelingende Kooperation

Die folgenden Überlegungen fußen auf Erkenntnissen aus der Spieltheorie, in erster Linie aber auf den Ergebnissen der ausgezeichneten Studien des bekannten US-amerikanischen Politikwissenschaftlers und Politiker-Beraters, Robert Axelrod (geb. 1943), Autor des Buches: *„Die Evolution der Kooperation"* (Oldenbourg Wissenschaftsverlag, März 2005).

Axelrod zeigt in seinem Buch sehr klar, dass kluges kooperatives Verhalten im Vergleich zu einseitig egoistischem oder einseitig altruistischem Verhalten in der Regel viel erfolgreicher ist. Dabei erwiesen sich die folgenden *[hier frei wiedergegebenen]* Punkte als wichtige Rahmenbedingungen:

1) Man bietet grundsätzlich immer seine Bereitschaft zur Kooperation an.

2) Solange der andere fair und verlässlich kooperiert, bleibt man selber ebenfalls ein fairer und verlässlicher Kooperationspartner.

3) Bricht der andere die Kooperation ab, beendet man selber auch sofort die weitere Zusammenarbeit.

4) Zu keinem Zeitpunkt lässt man sich einseitig ausnutzen.

5) Führt der andere die Kooperation aber wieder fort, tut man dieses auch.

Der Erfolg liegt in der grundsätzlichen Bevorzugung von Kooperation, in einhundertprozentiger Verlässlichkeit, in äußerster Wachsamkeit und in glasklarer Reaktion auf Nichtkooperation. Trotzdem sollten Kommunikation, Verständnis und Empathie in der Lebenswirklichkeit nicht fehlen.

Die goldene Regel

„Was du selbst nicht wünschst, das tue auch nicht anderen Menschen an". (Konfuzius, ca. 551-489 v. Chr., Gespräche 15, 23)

„Alles, was ihr wollt, dass euch die Menschen tun, das tut auch ihr ihnen ebenso." (Jesus von Nazareth, Mt 7,12; Lk 6,3 1)

„Der Wissende möge alle Wesen behandeln wie sich selbst." (Hinduismus, Mahabharata, ca. 400 v. Chr. bis 400 n. Chr.)

Forschungen haben ergeben, dass die Menschen weltweit in vielen verschiedenen Kulturen – meist unabhängig voneinander – auf das gleiche ethische Grundprinzip gestoßen sind: auf die Goldene Regel *(seit 1615 als solche bezeichnet)*. Hiernach soll das Miteinander von Menschen bestmöglich im Sinne aller Beteiligten geregelt werden, indem alle die gleiche Aufmerksamkeit und die gleichwertige Berücksichtigung ihrer jeweiligen individuellen Interessen und Bedürfnisse erfahren. Keiner darf durch den Eigennutz des anderen übervorteilt werden. Jeder soll am Ende gleich zufrieden sein. Auch wenn es für dieses Prinzip verschiedene Formulierungen gibt, so ist es dennoch von seiner Bedeutung her vergleichbar. Die darin enthaltene moralische Forderung verlangt gleichermaßen das individuelle Wohl aller Beteiligten. Das sich ergänzende, komplementäre Miteinander von Eigen- und Fremdwohl wird durch die Vermeidung einseitiger Bevorzugung erreicht. Allein dieses global in Erscheinung getretene Prinzip zeigt mehr als deutlich – entwicklungsgeschichtlich und kulturübergreifend –, dass die Natur des Menschen eben nicht eine einseitig egoistische, sondern eine sozial entwickelte, höchst kooperative Natur ist.

♦ Auf beide Seiten übertragen könnte man dieses Prinzip auch folgendermaßen formulieren: Behandle andere so, dass sie zufrieden sein können, wie auch sie dich so behandeln sollen, dass du zufrieden bist! Behandle andere nicht so, dass sie unzufrieden sind, wie auch sie dich nicht so behandeln sollen, dass du unzufrieden bist!

▪ Die Entscheidung zur Goldenen Regel bedeutet die Anerkennung der prinzipiellen Gleichwertigkeit der Menschen und der Notwendigkeit von Gemeinschaft und Kooperation.

▪ Wer nach der Goldenen Regel lebt, berücksichtigt nicht nur seinen eigenen Standpunkt und seine eigenen Bedürfnisse, sondern auch die Perspektive des anderen und dessen Bedürfnisse. Es bedarf also unverzichtbar emotionaler Intelligenz, vor allem aber Empathie.

• Als Handlungsprinzip für das Zusammenwirken von Menschen beruht die Goldene Regel grundsätzlich auf dem Prinzip der Gegenseitigkeit. Allerdings übersteigt sie durch intelligentes und empathisches Verhalten bei Weitem die häufige Interpretation einer starren „Reiz-Reaktions-Vorgehensweise"– wie z. B.: Schlägst Du mich, dann schlag ich Dich. Für viele Wissenschaftler gilt das Gegenseitigkeitsprinzip als zeitloses Prinzip menschlichen Miteinanders und als Quelle ethischen Verhaltens. Dieses Prinzip der Wechselseitigkeit (Reziprozität) kommt sehr positiv in dem Grundsatz von „Geben und Empfangen" zum Ausdruck. *[Diese Formulierung ist im Sinne von „geben und gegeben werden" treffender als „Geben und Nehmen".]*

♦ Die Vorgabe der Wechselseitigkeit ist dann erfüllt, wenn ein gleichwertiger Austausch stattfindet. Seitdem Menschen miteinander kooperieren, spielt dieses Prinzip eine entscheidende Rolle.

Dabei geht es überhaupt nicht darum, dass die jeweils andere Seite immer genau das Gleiche wie man selber erhält, sondern dass der andere mit seinen jeweils eigenen individuellen Bedürfnissen geachtet und in dem Maße berücksichtigt wird, wie man selbst berücksichtigt werden möchte. Maßstab ist der jeweilige Grad der Zufriedenheit, der inhaltlich auf ganz verschiedene Weise erlangt werden kann. Ein Miteinander im Sinne der Goldenen Regel hat das Wohl aller Beteiligter gleichermaßen zum Ziel. Auch Weitblick ist sehr wichtig, denn ein jeder muss hin und wieder – z. B. aufgrund fehlender Gelegenheit – kurzfristig seine eigenen Bedürfnisse zurückstellen, bis auch diese zu einem späteren Zeitpunkt Berücksichtigung finden können. Das Gegenseitigkeitsprinzip erfährt somit einen vorübergehenden Aufschub. Nur so können beide Seiten langfristig zufrieden bleiben und ihre Kooperation dauerhaft fortsetzen. Am Ende sind beide erfolgreicher, als wenn sie alleine oder gegeneinander handelten.

Die Goldene Regel ist ein formalisiertes Grundprinzip, das in konkreten Situationen auf konkrete Inhalte übertragen wird. Deshalb kann sie in ganz unterschiedlichen Einzelsituationen angewendet werden: im ganz persönlichen Umgang mit anderen Menschen, aber auch im gesellschaftlichen Kontext.

♦ Wenn man eine Gesellschaft möchte, die nicht einseitig den Egoismus und das Recht der Stärkeren fördert, sondern die sowohl die persönliche

Freiheit als auch die Interessen der Gemeinschaft berücksichtigt, dann ist die Goldene Regel die passende Vorgabe: gestern, heute und morgen.

Im Christentum gibt es das sehr starke und inspirierende Gebot der Nächstenliebe *[Streng genommen müsste es das Gebot der „Nächsten- und Selbstliebe" heißen!]*: „*Liebe Deinen Nächsten* **wie** *[Die theol. Bedeutung von* **wie** *ist hier:* **und auch***] dich selbst.*" Dieses Gebot fordert dazu auf, den anderen zu lieben und sich selber auch. Der Maßstab bzw. das Beispiel dafür soll weder der andere noch man selber sein, sondern die bedingungslose Liebe Gottes.

Spätestens seit Kenntnis des bestürzenden Beispiels von Mutter Teresa erscheint die Vorgabe der Selbstliebe als absolut unverzichtbar. Völliges Ausgelaugt-Sein aufgrund unverhältnismäßiger Selbstlosigkeit ist ohne übermächtige Hinwendung zu Gott von niemanden auszuhalten und keine tragende Basis für jedwede beständige Form von Geben und Empfangen.

Dieser und der unverzichtbare Aspekt der Berücksichtigung der Natur (s. o. „Hinduismus") sollten Bestandteil einer ergänzten Version der Goldenen Regel sein – abgerundet durch die Aufforderung sich der ganzen Wirklichkeit (= Vielsichtigkeit) und auch der Liebe zu öffnen. Im Zentrum aber steht der unverfängliche, für jeden akzeptierbare Begriff der „Achtung":

♦ *Öffne dich der ganzen Wirklichkeit*

und achte Mensch und Natur so,

wie du selbst geachtet werden möchtest,

ohne die Achtung deiner selbst zu vernachlässigen!

Versuche die Liebe in dir zu entdecken!

Wahr ist, dass die Goldene Regel einen Idealzustand beschreibt, der im Alltag so nicht überall und ständig erfahren bzw. gefördert wird, weil es viel zu viele Einflüsse dagegen gibt. Dennoch gründet dieses Prinzip sowohl in der evolutionären Prägung als auch in der sozialen Wirklichkeit der Menschen, wo die Berücksichtigung der gegenseitigen Bedürfnisse gewöhnlich nichts wirklich Fremdes darstellt. Die Zielsetzung der Goldenen Regel ist deshalb beileibe keine praxisfremde und maßlos überhöhte moralische Forderung, sondern sie knüpft an das an, was die Menschen so erfolgreich hat werden lassen und was sie auch künftig praktizieren können. Die Goldene Regel steht im Zentrum gelingender Kooperation.

Die Globale Kooperationsethik

Ein jeder sollte nicht nur über den eigenen Tellerrand hinausblicken,

sondern auch die Begrenztheit des eigenen Tellers erkennen,

und dann zusammen das Beste daraus machen.

Das menschliche Miteinander – so auch die Kooperation – braucht eine klare Vorstellung davon, welches Verhalten wünschenswert ist und welches nicht. Haben bisher die Traditionen und die Religion(en) in der jeweiligen Kultur die Aufgabe übernommen, verbindliche Werte zu formulieren und somit die ethischen Leitplanken der Gesellschaft zu bestimmen, also die Vorstellungen angemessenen Verhaltens festzulegen, so kann dies in der Weltgesellschaft des 21. Jhs. nicht mehr funktionieren, da die Kulturen und deren Antworten viel zu unterschiedlich und nicht selten sogar gegensätzlich sind. Hinzu kommt, dass in den Zeiten von Pluralismus inzwischen sogar innerhalb einer Gesellschaft mannigfaltige Vorstellung vom „richtigen Leben" nebeneinander existieren. Auch haben die Religionen ihre Verbindlichkeit für eine breite Masse von Menschen verloren.

Seit Jahrzehnten stößt man im Zusammenhang mit so genannten Wertediskussionen deshalb immer wieder auf einerseits Orientierungslosigkeit bzw. andererseits auf zwanghafte, oft nationalistisch geprägte Vorgaben, so z. B. für Deutschland so etwas wie eine deutsche Leitkultur zu definieren. Keiner aber weiß bis heute, was das wirklich ist bzw. überhaupt sein kann, weil eine solche Leitkultur in einer pluralistischen Gesellschaft wie in Deutschland seriös ganz einfach nicht zu formulieren ist. Da muss man schon eine äußerst einseitige Sicht vom „eigenen Vaterland" und dem Rest der Welt haben, um sich ein neues Zwangskorsett zurechtbiegen zu können – was mit äußerst verheerenden Folgen alles schon einmal da war. Den feixenden, einfältigen Zündlern fehlt meist die Fähigkeit zur notwendigen Einsicht, sonst würden sie nicht zündeln. Das zugleich besonnene und entschiedene Korrektiv der Gesellschaft ist deshalb unbedingt gefragt.

Auf der Suche nach Antworten berufen sich andere inzwischen auf den Homo oeconomicus als Ideal, mit all den katastrophalen Folgen.

Wieder andere bemühen zumindest die Menschenrechte, die die Rechte jedes Einzelnen garantieren sollen, als die alle Menschen verbindende Grundlage. In vielen Staaten – vor allem in den individualistisch geprägten, westlichen Staaten – sind die Menschenrechte Basis der jeweiligen Gesetzgebungen. Das Einhalten dieser Werte sollte für jeden selbstverständlich sein. Gruppierungen und Politiker, die daran zweifeln, sollten niemals gewählt werden. Menschenrechte sind unverzichtbar!

Neben den Menschenrechten existiert aber seit 1997 eine Aufstellung von Menschenpflichten, gedacht als Ausgleich bzw. als Ergänzung zu den Menschenrechten, formuliert durch das so genannte „Inter Action Council" und den Vereinten Nationen als Vorschlag vorgelegt, dort aber bis heute nicht verabschiedet. Im Sinne der Menschenpflichten verfügen Menschen nicht nur über Rechte, sondern haben auch klare Pflichten: z. B. zu menschenfreundlichem und friedensförderndem Verhalten. Jeder soll sich selber auch im Sinne der Menschenrechte verhalten. Also nicht nur Rechte einfordern, sondern selber auch gewähren. Dieser Aspekt der Verpflichtung kommt der Haltung der kollektivistisch geprägten Ländern sehr entgegen. Haben diese selber doch nicht selten mit der uneingeschränkten Gewährung von Individualrechten große Probleme. Die westlichen Staaten hingegen lehnen bis heute ihrerseits die Einführung und Ratifizierung der Menschenpflichten entschieden ab. Wer eigentlich ist da engstirniger?

Fraglos braucht es ganz im Sinne von einem ausgeglichenen „Geben und Empfangen" gleichsam Menschenrechte und Menschenpflichten. Aber in der heutigen globalen Weltgesellschaft bedarf es noch viel mehr. Gebraucht werden – als Festschreibung des Universalwohls – darüber hinaus Menschheitsrechte und Menschheitspflichten, wie auch klar definierte Rechte und „Aufgaben" der Natur. Die Menschheit – organisiert in den Vereinten Nationen und deren vielfältigen Institutionen (die übrigens alle dringend einer Überarbeitung bedürfen) – soll klare Rechte gegenüber den Einzelstaaten erhalten, aber auch ebenso klare Pflichten haben, z. B. die entsprechenden Rahmenbedingungen für friedvolles, soziales und ökologisches bewusstes Handeln der Menschen zu schaffen. Ebenso muss für die gesamte Menschheit völlig unmissverständlich und für alle verbindlich der angemessene, nachhaltige Umgang mit der Natur bestimmt werden.

♦ In der Zukunft sollten für alle Menschen und Gesellschaften – lokal, regional und global – die Menschenrechte und die Menschenpflichten, wie auch die Beachtung des Universalwohls unentbehrliche Grundlage von Denken und Handeln sein. Das gilt selbstverständlich für jede Form der

Kooperation und muss deshalb Grundlage der Kooperationsethik sein. In der heutigen globalisierten Welt mit Kontakten zwischen den unterschiedlichsten Menschen aus den unterschiedlichsten Kulturen ist es klar, dass darüber hinaus ein Kodex mit Verhaltensweisen gebraucht wird, der über die kulturellen Unterschiede hinweg die Menschen zu verbinden vermag und eben nicht trennt. Besonders bei interkultureller Kooperation, bei denen die Begegnungen weit über die sonst üblichen diplomatischen Höflichkeits-Rituale hinausgehen und die eine praxisorientierte Zusammenarbeit erfordern, ist eine globale Kooperationsethik unverzichtbar.

Kooperation war in der Evolution schon immer in vielen Situationen eine Selbstverständlichkeit. In den unterschiedlichsten Kulturen dieser Welt sind die Menschen auf das Prinzip der Goldenen Regel gestoßen. Genau darin liegt heute der Schlüssel für die Globale Kooperationsethik:

♦ **Kooperiere mit anderen in dem Maße, wie Du möchtest, dass sie mit Dir kooperieren und unterlasse alles, was auch sie unterlassen sollen!**

Kooperation im Sinne der Kooperationsethik bedeutet, für sich und für die Beteiligten das jeweils Beste zu erreichen versuchen. Man sollte sich in jeder Situation immer wieder neu die Frage vor Augen führen, welches Verhalten man sich von seinen Kooperationspartnern erwünscht und umgekehrt der Partner von einem selbst. Stets sollte man zur angemessenem Ausgeglichenheit bereit sein. Dieses Prinzip ist der entscheidende globale Maßstab für Kooperation. Dabei geht es nicht um starre Gleichheit, sondern um flexible Gleichwertigkeit. Natürlich braucht es Ausnahmen, deshalb sind Aufmerksamkeit, Empathie, Lern- und Anpassungsfähigkeit unverzichtbar. Jeder muss zur Kooperation bereit und fähig sein. Gelingende Kooperation ist eine Kunst, die man erlernen kann. Im Folgenden einige wenige Beispiele für erwünschtes und unerwünschtes Verhalten:

▪ Erwünscht: Aufmerksamkeit, Ernsthaftigkeit, Bemühung, Vertrauenswürdigkeit, Ehrlichkeit, Fairness, Austausch, Einsicht, Großzügigkeit etc.

▪ Unerwünscht: Negativität, Aggressivität, Rechthaberei, Machtbesessenheit, Neid, Prahlerei, Egozentrik, Narzissmus, Korruptheit, Intoleranz etc.

Würde man die Kooperations-Ethik ausbuchstabieren, dann könnte man damit Bücher füllen. Sie wäre vermutlich umfangreicher als eine Ethik es jemals war. An dieser Stelle geht es daher um die Klärung des Prinzips, damit jeder selbst die Idee gelingender Kooperation nachvollziehen kann.

Das wirklich Interessante an der Kooperationsethik ist, dass sie äußerst umfangreich und tief gehend das Verhalten jedes Einzelnen betrifft, ohne „mit Moralin getränkt" zu sein. Im Gegenteil, sie entspricht dem natürlichen Miteinander kooperierender Menschen, sei denn, man möchte auch weiterhin an eigenen begrenzten, ichzentrierten Standpunkten festhalten.

In der Weltgesellschaft – lokal, regional und global – kann das kooperative Zusammenwirken nur dann gelingen, wenn man es schafft, einseitige Positionen zu überwinden, die vermeintlichen Gegensätze als sich gegenseitig ergänzend zu erfahren und mit ihnen entsprechend klug umzugehen. Dazu zählen nicht nur Egoismus und Altruismus, Individualität und Kollektivität, Rechte und Pflichten, sondern dazu zählen weit mehr Punkte, von denen hier nur einige exemplarisch genannt werden sollen: z. B. Auseinandersetzung und Harmonie, Offenheit und Verschwiegenheit, Nähe und Distanz, Risiko und Vorsicht, Standfestigkeit und Anpassungsfähigkeit, Bemühung und Loslassen, Akzeptanz und Hinterfragung, Durchsetzung und Unterordnung, Ernst und Humor. Diesbezüglich muss nicht nur jeder Einzelne sondern auch jede einzelne Gesellschaft hinzulernen. Jede Situation erfordert eine etwas andere Gewichtung einzelner Aspekte. Die vielen Zwischenstufen müssen erkannt und beherrscht werden: z. B. ist Ehrlichkeit nicht immer gleich Ehrlichkeit. Jede Situation verlangt einen etwas anderen Ausdruck von Ehrlichkeit. Schwarz-weiß ist vorbei!

Sind z. B. in einer individualistischen Kultur ehrliche Direktheit und Standfestigkeit wichtig, in einer kollektivistischen Kultur aber harmoniebetonte „Indirektheit" (Höflichkeit) und Unterordnung. Deshalb ist es unerlässlich, dass beide Seiten ihr Verhaltens-Repertoire klar erweitern, um in der jeweils konkreten Situation angemessen handeln zu können und nicht traditionsbedingt engstirnig zu bleiben. Vielsichtigkeit ist angesagt!

Neben den Rahmenbedingungen für gelingende Kooperation, der Bereitschaft zu kooperieren und der Kooperationskompetenz ist ein gutes Verhältnis zum Kooperationspartner Voraussetzung. Dafür sind die folgenden Punkte sehr wichtig: Respekt, gleiche Augenhöhe, Interesse, Engagement, Ausdauer, Lern- und Kritikfähigkeit, Vielsichtigkeit,Globale Intelligenz, Verantwortung, Verlässlichkeit, Wertschätzung und Dankbarkeit,

♦ Die Globale Kooperationsethik kann zur Inspiration und zur Leitplanke für die künftige Kooperationswirtschaft und für die Menschheit insgesamt werden. Keine Wertediskussion endet mehr in Orientierungslosigkeit.

Die Kooperationswirtschaft

An dieser Stelle kann es kein fertiges Konzept geben,
da eine neue Welt-Wirtschaftsordnung dafür viel zu komplex ist.
Sie muss in unzähligen Bereichen Schritt für Schritt entwickelt werden.
Wohl aber sollen die Grundlage und die Richtung klar benannt werden,
damit sich möglichst viele an der Umsetzung aktiv beteiligen können.
Die Kooperationswirtschaft basiert von Anfang an auf Kooperation.

▶ Die Grundlage: Der Kooperative Mensch (Definition)

Das neue Menschenbild, auf dem künftig die neue globale Wirtschaftsordnung fußt, ist der der Kooperative Mensch.

Der Kooperative Mensch ist ein vielschichtiger und vielsichtiger Mensch. Er sucht bei jeder Gelegenheit die Kooperation mit anderen zum Wohl aller Beteiligten – ganz im Sinne der Kooperationsethik. Das Universalwohl ist die Basis seines Denkens und Handelns.

Der Kooperative Mensch löst als grundlegendes Menschenbild die primitive Maßgabe des unwirklichen Homo oeconomicus unwiderruflich ab.

Die Richtung

Die Entwicklung der Menschheit und ihres künftigen Gesellschafts- bzw. Wirtschaftssystems bewegt sich weg von jedweder Einseitigkeit und hin zu einer vielschichtigen und vielsichtigen Gesellschaft. Weder Individuum noch Kollektiv, weder Egoismus noch Altruismus werden alleinig auf den Thron gehoben. Die Gesellschaft von morgen ist eine kooperierende Gesellschaft gleichberechtigter und freier Individuen mit dem Ziel individueller Selbstentfaltung und kollektiver Weiterentwicklung – weit entfernt von anarchischem Individualismus und zwanghaftem Kollektivismus.

Die Konsequenz

Gebraucht wird eine Gesellschafts- bzw. eine Wirtschaftsordnung, die all ihre Aktionen bzw. Maßnahmen von der oben genannten Grundlage her logisch ableitet. Kooperation ist der natürliche Motor menschlichen Miteinanders. Deshalb ist eine Ordnung, die auf Kooperation aufbaut, der Lebenswirklichkeit des Menschen wesentlich näher, als dies eine völlig einseitige Ordnung, die entweder auf dem Menschenbild eines einhundertprozentigen Egoisten oder auf der Vorstellung eines einhundertprozentigen Altruisten basiert, jemals sein kann. Eine soziale und ökologische Weltwirtschaftsordnung kann nur eine Kooperationswirtschaft sein.

▶ **Die Definition der Kooperationswirtschaft**

Die Kooperationswirtschaft basiert auf dem Menschenbild des freien und verantwortlichen, des vielschichtigen und vielsichtigen, des kooperativen Menschen, der stets um das ausgeglichene Wohl möglichst aller bemüht ist. Verantwortung für Mensch und Natur ist für ihn selbstverständlich.

Das zentrale Prinzip der Kooperationswirtschaft ist: Derjenige, der bei seinem (wirtschaftlichen) Handeln auf Mensch und Natur größtmögliche Rücksicht nimmt, soll auch größtmöglichen (wirtschaftlichen) Nutzen aus seinem Tun ziehen können.

Die Gesellschaft als Ganzes soll durch die entsprechenden gesetzlichen Rahmenbedingungen und durch die staatliche Ordnungshoheit das Funktionieren dieses Prinzips ermöglichen und sicherstellen – stets lernbereit und in den Reaktionen anpassungsfähig, auf Ausgeglichenheit bedacht.

Die Gesellschaft als Ganzes und jeder Einzelne tragen gemeinsam die Verantwortung für den Erhalt und den Schutz dieser Ordnung.

Einige Eckpunkte der Kooperationswirtschaft

▪ Grundsätzlich gibt es das Recht auf Privateigentum – wie es allerdings auch in einigen „sensiblen Bereichen" Gesellschaftseigentum geben muss.

▪ Selbstverständlich gibt es Märkte, auf denen allerdings durch entsprechende Rahmengesetzgebungen ein möglichst fairer, sozial- und umweltverträglicher Wettbewerb sichergestellt ist. Der Unternehmer, der Verbraucher und die Natur genießen gleichermaßen Schutz.

▪ Dem Staat obliegt die klare Pflicht, für den Schutz und die Berücksichtigung der Würde jedes Einzelnen und aller Menschen Sorge zu tragen.

▪ Der Staat hat die Pflicht den angemessenen Umgang mit Ressourcen und mit der Natur insgesamt in jedem Bereich sicherzustellen.

- Jeder Einzelne („Gleichheitsprinzip") erfährt eine kluge dynamische Ausgeglichenheit zwischen seinem Bedarf (Bedarfsprinzip) und seiner Leistung (Leistungsprinzip) auf der Basis elementarer Absicherung.

- Dem Staat obliegt die Verantwortung, für die ausreichende Versorgung Einzelner zu sorgen, sollten diese selber nicht dazu in der Lage sein.

- Jeder Einzelne hat die Pflicht, sich mit seinen Kompetenzen bestmöglich bei der fruchtbaren Gestaltung des Miteinanders einzubringen, ohne auf die eigene Freiheit unangemessen verzichten zu müssen.

Das Beispiel

Zum Beispiel soll eine entsprechende Steuergesetzgebung dafür sorgen, dass derjenige Hersteller, der im Rahmen seines Produktions- und Vermarktungsprozesses größtmögliche Rücksicht auf Mensch und Natur nimmt – dessen Produkte also eine möglichst hohe Qualität, eine möglichst lange Haltbarkeit, bei möglichst geringem Ressourcen- und Naturverbrauch haben, dessen Angestellte in jederlei Hinsicht angemessen entlohnt, abgesichert und berücksichtigt sind, der bei der Bewerbung seiner Produkte möglichst nah an der Wirklichkeit bleibt –, dass solch ein Unternehmer beim Verkauf seiner Produkte die geringste Umsatzsteuer abführen muss und dadurch am Ende äußerst attraktive Preise anbieten kann. So können künftig sogar gute Preise zu sinnvollem Handeln bewegen.

Diejenigen aber, die auch weiterhin – wie es das derzeitige Erfolgsrezept in der kapitalistischen Marktwirtschaft nun einmal ist – durch größtmögliche Rücksichtslosigkeit gegenüber Mensch und Natur die größtmöglichen Gewinne zu erzielen versuchen, indem sie ihre Produkte möglichst billig an möglichst viele Verbraucher verscherbeln, solche Unternehmer sollten in der Zukunft mit bisher ungekannten Spitzensteuersätzen veranlagt werden. Künftig muss „Raub an Mensch und Natur" entweder sowieso verboten oder aber mindestens durch hohe Steuern absolut unattraktiv sein.

Welcher Verbraucher möchte nicht endlich vertrauensvoll für geprüfte Qualität sogar attraktive Preise bezahlen können, anstatt stets maßlos überteuerten Billig-Ramsch angedreht zu bekommen? Die bisher unsoziale und unökologische Mehrwert- bzw. Umsatzsteuer, da sie jedermann gleich stark belastet, könnte so endlich eine rühmlichere Rolle erhalten.

Die Beweislast für eine günstige Steuer-Einstufung – durchaus auch mit Hilfe des Staates – muss am Ende allerdings bei den Herstellern liegen.

Die Absicherung

Nach der offiziellen Anerkennung des Menschenbilds, das der zukünftigen Wirtschaftsordnung zugrunde liegt, nach der konkreten Bestimmung der Grundprinzipien und der notwendigen Eckpunkte und nach Festlegung der gewünschten Richtung zukünftiger Entwicklungen sollte alles das als gesetzliche Rahmenbestimmung – z. B. durch eine parlamentarische 60%-Mehrheit im jeweiligen Land und/oder der Vollversammlung der Vereinten Nationen – verabschiedet werden. Möglicherweise notwendige Nachkorrekturen sollten später dann eine ebensolch große Mehrheit erfordern. So ist garantiert, dass während des umfangreichen Prozesses der (globalen) Konkretisierung der Kooperationswirtschaft und deren Betrieb für jeden klar ersichtlich eine verlässlich übereinstimmende Basis besteht.

Die Umsetzung

▪ Die Umsetzung beginnt damit, dass ab sofort eine globale Diskussion angeregt wird und dass größtmöglicher Druck – stets nur unter Zuhilfenahme demokratisch legaler, gewaltfreier Mittel – auf Politik und auf Experten ausgeübt wird, damit das Thema der sozialen und ökologischen Ordnung auf der Basis von Kooperation von jetzt an kompromisslos ganz oben auf der Tagesordnung steht. Dabei muss es sowohl um die konkrete Planung des neuen Systems als auch um den Übergang zu diesem gehen.

▪ Hinzu kommt die gesellschaftliche und auch die individuelle Beschäftigung mit dem Thema Kooperation. Eine adäquate Umsetzung verlangt von jedem Menschen in jedem Lebensbereich Verinnerlichung und Anwendung der Grundprinzipien gelingender Kooperation: praktisch, theoretisch und perspektivisch. Die Vorbereitung und Hinführung zu gelingender Kooperation betrifft alle, denn dieses System basiert auf der Überwindung des einseitigen Egoismus durch möglichst viele Menschen.

◆ **Fazit:** Das stärkste Mittel, das Menschen zur Überwindung ihrer gesellschaftlichen Probleme haben, ist gelingende Kooperation. Zum Glück! Ob wir Menschen schlafende, aufwachende, aufgewachte oder praktizierende „Meister der Kooperation" sind, liegt definitiv nur an uns selber.

Exkurs: Die Gefahr durch Armut und Perspektivlosigkeit

Es gibt inzwischen wichtige Studien, die weltweit den Zusammenhang zwischen wirtschaftlich frustrierten, ängstlichen, gefühlt politisch nicht ernst genommenen und ungerecht behandelten Menschen einerseits und der Unterstützung lautstarker Populisten andererseits klar aufzeigen. Politiker mit völlig einseitigen Welterklärungen und ebensolch einfältigen, populistisch hochgeputschten angeblichen Lösungsvorschlägen, die meist über hohle Schlagwörter nicht hinauskommen, werden vor allem von Menschen gewählt, die sich u. a. aufgrund unzureichender Bildung und einfachen Jobs wirtschaftlich schon lange benachteiligt fühlen oder von denen, die Angst vor einem künftigen Absturz haben. Dabei handelt sich nicht nur um Schlecht-Verdiener, sondern auch um Mitglieder der Mittelschicht. Dieses Phänomen gibt es weltweit: Ob Trump-Wähler, italienische Politik-Clown-Unterstützer, AFD-Wähler, auch Brexit-Befürworter und auf ihre Weise auch Gelbwesten-Protestler, von deren Protest am Ende die Rechten profitieren könnten. Es ist historisch belegt, dass seinerzeit Adolf Hitler und die Nationalsozialisten vor allem in den Regionen die meisten Stimmen bekamen, wo die Menschen unter den großen finanziellen Kürzungen infolge der damaligen Bankenkrise am meisten litten. Thomas Fricke bezeichnet dies in seiner Kolumne, *„Brexit, Trump & Co. – Globaler Siegeszug der Gaga-Politiker"* *(spiegel de, 18.1.2019)* als einen gefährlichen Trend. Sei das Vertrauen erst einmal dahin, poltere es sich politisch ziemlich ungeniert. Und so ließen sich so manche vor lauter Unmut selbst mit dem größten Blödsinn plötzlich locken. Hauptsache man könne auf andere schimpfen. Man müsse den Warnruf erkennen und dürfe selbst bei schwacher Wirtschaft nicht gegen hohe Sozialleistungen sein.

Widrige soziale Umstände sind also der Sargnagel der Demokratie. Eines sollte deshalb völlig klar sein: Die Folgen einer asozialen Wirtschaftsordnung bergen (mal wieder!) die ernstzunehmende Gefahr in sich, die kostbare Errungenschaft der liberalen Demokratie massiv in Gefahr zu bringen. Wer also etwas für eine soziale und ökologische Wirtschaftsordnung unternimmt, der hilft auch bei der Stabilisierung der Demokratie. Kapitalistische Marktwirtschaft und Demokratie gehören eben nicht untrennbar zusammen. Das Ergebnis wäre wohl ihr gemeinsamer Untergang. Demokratie und Kooperationswirtschaft scheinen das bessere Paar zu sein. Wer also für Demokratie ist, der sollte es mit der Kooperation versuchen. Es darf keine bejubelten Populisten mehr geben. Jetzt braucht es Klugheit.

Anleitung zur sozialen Revolution

Der Kapitalismus ist immer asozial.

Darum darf es jetzt nur noch ums Ganze gehen!

Es ist definitiv keine Zeit mehr,

sich in „Nebenkriegsschauplätzen" zu verrennen!

Es ist definitiv keine Zeit mehr,

sich mit einzelnen Verbesserungen zufrieden zu geben.

Es ist definitiv aber jetzt an der Zeit,

ein soziales und ökologisches Wirtschaftssystem zu fordern:

parteiübergreifend, kulturübergreifend – ganz einfach global.

Der gemeinsame Druck darf dieses Mal erst dann wieder nachlassen,

wenn es diesbezüglich absolut kein Zurück mehr geben kann.

Die soziale Revolution der Einsichtigen hat begonnen:

besonnen und gewaltfrei, aber druckvoll wie nie zuvor.

Der Menschheit bleibt heute nichts anderes mehr übrig!

Die künftigen Generationen werden es uns sicherlich danken,

wenn wir nicht als die verheerendsten Idioten in die Geschichte eingehen.

„Steht auf und kämpft"

So der US-Senator Bernie Sanders in seinem neuen Buch, *„Where We Go from Here: Two Years in the Resistance"*, das sich äußerst kritisch mit der aktuellen Situation in den USA beschäftigt, aber durchaus stellvertretend für die weltweite Situation stehen kann: *„In einer Zeit massiver und wachsender Einkommensunterschiede, während unsere Nation immer mehr auf eine oligarchische Gesellschaftsform zusteuert, brauchen wir eine noch nie dagewesene politische Graswurzel-Bewegung, die sich gegen die herrschende Klasse der Milliardäre und gegen die Politiker, die ihnen gehören, auflehnt. ... Die schlechte Nachricht ist, dass wir nicht gemeinsam vorangehen, sondern dass stattdessen Demagogen wie Donald Trump Wahlen gewinnen. Die schlechte Nachricht ist, dass zu viele von* *uns wütend auf die falschen Leute werden. Es war kein Einwanderer, der für acht Dollar die Stunde Erdbeeren pflückt, der im Jahre 2008 die Wirtschaft zerstörte, es waren die Gier und das illegale Verhalten der Wall Street. ... Bei meiner politischen Revolution gilt: Think Big! (Denkt in großen Dimensionen!) ... Jetzt ist die Zeit, um aufzustehen und sich zu wehren.* " *(„Bernie Sanders Buch:»Steht auf und kämpft«", Frauke Steffens, 15.12.2018, faz.net; „Neues Buch von Bernie Sanders – Wahlprogramm für 2020?", Martin Ganslmeier, 27.11.2018, tagesschau.de)*

Aus dem Vorgehen der Gelbwesten lernen

• Die Gelbwestenbewegung („Mouvement des Gilets jaunes") entstand 2018 in Frankreich. Die gelben Westen, die dort jeder Autofahrer mit sich führen muss, gelten als Erkennungszeichen. Die im Internet bzw. über die sozialen Medien entstandene und rasch wachsende Bewegung kristallisierte sich am Protest gegen die höhere Kraftstoffsteuer, insbesondere von Diesel. Damit sollten Teile der Energiewende finanziert werden. Aus der Sicht der Protestler trifft diese Erhöhung die Armen am stärksten. Inzwischen – nach zahlreichen Großdemonstrationen, partiellen Zugeständnissen durch die Regierung und der Veröffentlichung eines „Manifests" mit über 40 zu erfüllenden Punkten – stehen eine Vielzahl an Forderungen im Raum, bei denen es insgesamt um die Überwindung von Ungerechtigkeiten und Benachteiligungen im alltäglichen Leben geht. Die protestierenden Menschen gehören in der Mehrheit der unteren Mittelschicht an. Sie kommen eher aus Vorstädten und ländlichen Gebieten. Man nennt diese Proteste auch „Die Revolution der Mittelschicht". Bei all ihrer Verschiedenheit eint diese Menschen eine tief sitzende existenzielle Angst, Frustration und Wut auf Regierung und Eliten, da seit vielen Jahren zu wenig für sie getan worden sei. Einem politischen Lager können sie nicht zugeordnet werden – wohl aber versucht man sie von allen Seiten zu vereinnahmen, wogegen sich die Protestler bisher erfolgreich wehrten. So bleibt ihre Bewegung völlig unkalkulierbar – mit Protesten jede Woche neu.

Die Gelbwesten-Proteste erreichen langsam auch andere Länder. Die Linke-Fraktionschefin, Sahra Wagenknecht, forderte beispielsweise im Dezember 2018 in einer gelben Weste vor dem Kanzleramt ähnliche Proteste auch in Deutschland, da stets nur Politik für Wohlhabende und große Unternehmen gemacht würde und es dagegen Widerstand geben müsse.

• Bei einerseits positiven Seiten der Gelbwesten-Proteste sind andererseits die Gewaltausbrüche mit Toten, Verletzten und immensen Sachbeschädigungen absolut kriminell und völlig inakzeptabel. Sie bedrohen die Grundwerte eines freiheitlichen Staats. Das Motto vieler Gewalttäter, dass die Politik nur noch Gewalt richtig ernst nimmt, ist das Eingeständnis der eigenen Unfähigkeit zu klugem, effektvollen Protest. Gewalt ist darüber hinaus Zeichen großer Einfalt, denn sie schadet dem gemeinsamen Vorhaben, da sich gemäßigte potenzielle Unterstützer angewidert abwenden.

• Das Gelbwestenphänomen ist zunächst ein Phänomen der sozialen Medien. Quasi in Echtzeit erreicht der Protest ein riesiges Publikum, binnen kurzer Zeit verbreiten sich Inhalte und Aufrufe zu Protestaktionen. „Wut-Selfies" haben Millionen Aufrufe, die Zahl der „Wutbürger" wird immer größer. Der Vorteil dieser gewaltigen Beschleunigung ist, dass man in kürzester Zeit sehr viele Menschen erreicht. Mitunter sind die Protestler selbst davon überrascht, dass ihre persönliche Wut so schnell zu einer sehr großen Bewegung wird bzw. wurde. Der Nachteil bzw. die massive Gefahr solch einer Schnelligkeit ist allerdings, dass bei diesem Weg der Informationsverbreitung angemessene inhaltliche Kontrollinstanzen fehlen – wie diese z. B. in jeder seriösen Nachrichtenredaktion eine bewährte Selbstverständlichkeit sind – und infolgedessen jedweder Form von Manipulation Tür und Tor geöffnet sind. Die Gefahr ist fraglos unverantwortlich hoch. Um so wichtiger ist es, dass sich jeder am Protest Beteiligte durch die Kenntnis klar definierter Ziele und Vorgehensweisen wie auch durch adäquate eigene Aufmerksamkeit selber vor Missbrauch schützen kann. Derart große Bewegungen ohne zentrale Leitung brauchen deshalb mehr als nur unstrukturierte Social-Media-Kontakte – z. B. klare Leitlinien und Vorgaben. Ebenso sollte die Kooperation (nicht Unterordnung!) mit geeigneten Organisationen eher gesucht als zwanghaft abgelehnt werden.

• Das absolute Manko der Gelbwesten-Proteste mit all den verschiedenen durchaus berechtigten Forderungen aber ist, dass das eigentliche, allem zugrunde liegende Problem, nämlich das völlig unzureichende Wirtschaftssystem und dessen dringend notwendige Ablösung, überhaupt nicht thematisiert wird. Alle Gelbwesten-Forderungen bewegen sich innerhalb des geschlossenen Wirtschaftssystems und könnten auf diese Weise allenfalls begrenzte Linderung verschaffen. Die Maßnahmen gehen streng genommen völlig an der zentralen Ursache vorbei. Deshalb werden am Ende viele der Aktivitäten bedauerlicherweise Zeit- und Energieverschwendung sein. Sie werden aufhören und die Unzufriedenheit wird wieder steigen.

• Selbstverständlich sind Proteste notwendig und anerkennenswert. Sie sollten aber adäquat Richtung und Ziel treffen und nicht ins Leere laufen.

Unverzichtbare Prinzipien des Widerstands

Bei all dem notwendigem gesellschaftlichen Druck, der dringend zeitnah aufgebaut werden muss, darf es nicht um Gewalt gehen – weder gegen Menschen noch gegen Sachen – sondern stets nur um demokratisch legitimierten Druck. Jede Form von kriminellen Ausschreitungen und Terror werden unmissverständlich abgelehnt. Niemandem helfen verletzte oder gar getötete Menschen, brennende Autos und demolierte Häuser. Im Gegenteil, sie schaden auch dem Ansinnen, durch Überzeugungskraft für Kooperation zu werben. Sollte eine Demonstration durch die Gewalt auch nur weniger krimineller Chaoten zu eskalieren drohen, sollten sich all die anderen besonnenen Demonstranten umgehend davon absondern und zurückziehen, um somit den Kriminellen keinerlei Schutz in der Masse zu bieten und vollkommen klar den friedvollen Protest zu unterstreichen.

Möchte man als Protestler von Frankreich lernen, dann bestimmt nicht von der (begrenzten) Gruppe der Krawallmacher und anderen Orientierungslosen. Allerdings böte sich neben den vielen ernst zunehmenden „Gelbwesten" auch die äußerst imposante und starke französische Bordeaux-Dogge mit ihrem vorbildlichen Gemüt an. Bei gesundem Wesen und angemessener Haltung ist sie von souveräner Gelassenheit geprägt und scheint sehr wohl zu wissen, was sie will. Ihre Reizschwelle ist erstaunlich hoch, was sie zu einem ruhigen, toleranten und freundlichen Familienhund macht, vor allem auch im Umgang mit Kindern. Aber Achtung: Eine Bordeaux-Dogge kann sich das leisten, weil sie ganz offensichtlich sehr genau um ihre Furcht einflößende kraftstrotzende Erscheinung weiß. Ihre eindrucksvolle Gelassenheit ist kein Zeichen von Unaufmerksamkeit oder Schwäche, sondern sie ist im Gegenteil Ausdruck völliger Wachheit und Stärke. Sollte sie bei einer Bedrohungslage auch nur einmal kurz bellen oder sogar knurren, wird normalerweise jedem selbst noch so Unerschrockenen sehr schnell sehr klar, dass es unbedingt sofort an der Zeit ist, den geordneten Rückzug anzutreten, wenn man nicht seine eigene Gesundheit aufs Spiel setzen möchte. Wie kläglich dagegen wirken die winzigen Köter, die ihre Schwäche aggressiv wegzukläffen versuchen.

In diesem Sinne, sollte sich jeder Einzelne stets bewusst machen, dass seine eigene Stärke unverzichtbarer Teil der Stärke der Gemeinschaft aller Mitstreiter ist. Diese gemeinschaftliche Präsenz kann zu einem äußerst ernst zu nehmenden gesellschaftlichen Einflussfaktor werden, wenn die Stärke aller gebündelt ist, weil ein jeder exakt das zuvor festgelegte Ziel verfolgt. Diese vorrangige gemeinsame Abstimmung ist also absolut unverzichtbar. Vor spontanen Trittbrett-Aktionen sollte man sich in der Regel hüten, da diese die Gefahr völlig kontraproduktiven Chaos beinhalten.

Niemand der zur Kooperation aufgeforderten gesellschaftlichen Akteure – auch wenn der Einzelne noch so mächtig ist – sollte ein freundliches Kooperationsangebot künftig je als Ausdruck von Unsicherheit oder gar von Schwäche interpretieren, sondern in seinem eigenen Interesse besser sofort die Ernsthaftigkeit, Wachheit und Stärke erkennen, die dahinter steht.

♦ **Wer zu kooperieren nicht bereit ist, mit dem wird ebenfalls nicht (mehr) kooperiert – mit all den bereits beschriebenen Konsequenzen:**

▪ Politiker bzw. Parteien erhalten dann sofort keine Unterstützung mehr – aber ohne, dass Gruppierungen, die am Rande der Demokratie mit einseitigen Weltsichten hantieren, jemals von einem selbst unterstützt werden. Das ist extrem wichtig, da Einseitigkeit extrem kontraproduktiv ist.

▪ Konzerne und Unternehmer, die sich der Kooperation entziehen, wird im Gegenzug der finanzielle Umsatz durch sofortigen und anhalten Konsumverzicht entzogen. Nur Einsicht wäre der erste Schritt zur Besserung.

▪ Aber auch Experten, sollten die Notwendigkeit zur Kooperation erkennen: Es ist jetzt an der Zeit, all seine Fähigkeiten und all sein Expertenwissen nicht länger – in wessen Interesse auch immer – gegen sinnvolle Entwicklungen einzusetzen, sondern so gut es eben geht (im Sinne globaler Intelligenz) diese dafür zu nutzen, an gemeinsamen Lösungsfindungen mitzuwirken. Ein jeder kann und sollte seinen Teil dazutun. Wer will sich denn heute noch in aller Öffentlichkeit als Verweigerer wirklich intelligenter Entwicklungen outen? Es gibt wohl kaum finanzielle Zuschüsse – aus welchem Kanal auch immer – die künftig dafür hoch genug sein könnten, um den massiven Verlust gesellschaftlicher Achtung auszugleichen.

♦ Das ist die Art und Weise, wie grundlegender Wandel bzw. Revolutionen im 21. Jh. wesentlich effektiver und friedlicher als jemals zuvor ablaufen können. Niemand mehr sollte einen Zweifel daran haben, dass man selber und all die Mitstreiter jetzt mit allem Nachdruck ein soziales und ökologisches Wirtschaftssystem fordern und vorher nicht mehr aufhören.

Die notwendigen Schritte

1) Sich und anderen bewusst machen, dass eine reale nachhaltige Lösung der Probleme des 21. Jhs. nur durch einen klugen Systemwechsel erfolgt.

2) Sich und andere von der Notwendigkeit von Kooperation überzeugen und deren Prinzipien kennenlernen, verstehen und verinnerlichen.

3) Sich und andere das Prinzip bewusst machen, dass die Macht des Einzelnen zur Macht der Gesellschaft werden kann, wenn man sich in eine klar vereinbarte Richtung auf ein zuvor unmissverständlich festgelegtes Ziel in klar festgelegter Weise bewegt: jeder für sich und alle zusammen.

4) Für sich und andere sicherstellen, dass Besonnenheit und Nachdruck, dass Kritik- und Lernfähigkeit, dass Geduld und kraftvolle Ausdauer gleichermaßen Wegbegleiter für angemessenes Denken und Handeln sind.

5) Alleine und zusammen alle in einer Demokratie legitimen und möglichen Formen des unübersehbaren Protestes nutzen – damit den größtmöglichen Druck auf die Entscheider in allen relevanten Bereichen aufbauen.

6) Stets den Austausch und die Kooperation mit den Beteiligten suchen.

7) Nie die Fähigkeit zur tabulosen Selbsterkenntnis aufs Spiel setzen.

Ein letztes Wort

Der US-amerikanischen Baptistenpastor und Bürgerrechtler Martin Luther King Jr. (1929-1968) über den Kampf gegen *„ bösartige Systeme“: „Wenn du dich auf die Ebene der Liebe, ihrer großen Schönheit und Macht, erhebst, trachtest du nur danach, bösartige Systeme zu besiegen. Die Menschen, die in diesem System gefangen sind, die liebst du, versuchst aber, das System zu besiegen ... Hass gegen Hass steigert nur die Existenz des Hasses und des Bösen im Universum. ... Wenn ich dich schlage und du mich schlägst und ich dir den Schlag zurückgebe und du mir den Schlag zurückgibst und so weiter, dann ist klar, das geht ewig so weiter. Es endet einfach niemals. Irgendwo muss irgendjemand ein bisschen Verstand haben, und das ist der starke Mensch. Der starke Mensch ist derjenige, welcher die Kette des Hasses, die Kette des Bösen durchschneiden kann“*, *(Martin Luther King Jr., Nr. 118; Sermon delivered at Dexter Avenue Baptist Church, Montgomery, Alabama, 17. November 1957).*

Die Revolution der Einsichtigen und Besonnenen wird erfolgreich sein!

Die Schriftenreihe

Globale Intelligenz

www.gloint.de

Die Schriftenreihe „Globale Intelligenz" bietet in den Wirren zu Beginn des 21. Jahrhunderts Erkenntnisse an, die bei der Überwindung der Vielzahl an Problemen Anregung, Orientierung und Kristallisationspunkt bieten. Sie ist eine Einladung an jeden, auf der Basis von Vielsichtigkeit und Globaler Intelligenz im Rahmen weltumspannender Kooperation mit seinem Wissen und seinen Fähigkeiten – genau dort wo er steht, gemeinsam mit denen, die mitmachen – seinen unverzichtbaren Beitrag zu leisten.

Yaeolo – You and earth only live once. Mach was draus!

In der Schriftenreihe sind bisher erschienen:

♦ **Die Trilogie Terror sapiens (2017)**

▪ *„Terror sapiens I – Von der Einfalt zur Vielfalt"*

▪ *„Terror sapiens II – Terror ist logisch"*

▪ *„Terror sapiens III – Spirituelle Intelligenz"*

♦ (Bisheriges) **Hauptwerk (2018)**

„Das Ende des Wahnsinns – Globale Intelligenz statt Terror sapiens"

♦ **Die Handbuchsammlung „Revolutionen" (2018 / 2019)**

▪ *„Handbuch Kognitive Revolution – Der vielsichtige Mensch"*

▪ *„Handbuch Soziale Revolution – Die vielsichtige Gesellschaft"*

▪ *„Handbuch Humanitäre Revolution – Die Globale Intelligenz"*

▪ *„Handbuch Ultimative Revolution – Die Menschensonne"*

Terror sapiens I

Von der Einfalt zur Vielfalt

Die häufig sehr einseitige Sicht- und Denkweise der Menschen ist das zentrale Problem der Menschheit zu Beginn des 21. Jahrhunderts. Sie ist für die meisten der großen und kleinen Probleme in der Welt an jeweils entscheidender Stelle verantwortlich. Die verheerenden Folgen lassen sich in allen Lebensbereichen beobachten.

Wer den Wahnsinn in der Welt endgültig überwinden will, muss diese Einseitigkeit des Menschen überwinden. Nur so lassen sich die anstehenden Aufgaben sinnvoll und erfolgreich bewältigen.

Im Band I der Trilogie *„Terror sapiens"*, *„Von der Einfalt zur Vielfalt"*, wird auf zugleich ernsthafte und unterhaltsame Weise die beindruckende Vielfalt in der Welt, die das Erfolgsrezept der Natur schlechthin ist, kulturübergreifend an zahlreichen lebensnahen Beispielen dargestellt und dem Misserfolgsprinzip des so genannten Homo sapiens, also seiner gnadenlosen Einseitigkeit, gegenübergestellt. Dabei geht es zum Beispiel um Themen wie die Rolle von Mann und Frau, die kulturell ganz unterschiedlichen Sichtweisen auf die Hautfarbe der Menschen, auf deren Tischsitten und Toilettengewohnheiten, auf deren Traditionsblindheit und Flirtverhalten, um die grundsätzliche Begrenztheit der eigenen Wahrnehmung und die Macht von Vorurteilen, die faszinierende Sicht der Weltraumfahrer auf die Welt und die durch Medien beschnittene Wirklichkeit.

Untermauert mit zahlreichen Erkenntnissen aus der Wissenschaft wird das Fundament gelegt für Vielsichtigkeit und globale Intelligenz, die Markenzeichen des vielsichtigen Menschen, des Homo multividus.

Terror sapiens II

Terror ist logisch

Die verhängnisvolle Einseitigkeit vieler Menschen, die Unterwerfung ihres Denkens unter das starre Entweder-oder-Korsett und damit die ungenügende Berücksichtigung der vielfältigen Wirklichkeit verursachen in den unterschiedlichsten Lebensbereichen eine Vielzahl an Problemen.

Der Band II der Trilogie *„Terror sapiens"*, *„Terror ist logisch"*, beschäftigt sich mit dem immer wieder gleichen Prinzip, das z. B. terroristischen und anderen Gewaltakten zugrunde liegt. Es sind geschlossene logische Systeme, die auf einseitigen Grundannahmen beruhen und durch logisch abgeleitete Schlussfolgerungen zu ebenso einseitigem Handeln führen.

Wer zum Beispiel felsenfest davon überzeugt ist, dass nur sein eigener Gott der einzig wahre Gott ist, für den ist es am Ende logisch, seine Waffe gegen andere zu erheben, die nach seinem Verständnis ja keinen anderen Gott, sondern schlicht und einfach den Teufel anbeten. Im Krieg wird den Soldaten häufig eingeredet, dass die Gegner minderwertig sind und man das Recht hat sie zu töten. Jeder Hooligan ist von seiner Mannschaft als einzig wahre überzeugt und sieht sich völlig im Recht, andere zu bekämpfen. Terror ist immer menschgemacht. Es ist die Einseitigkeits-Dummheit des angeblichen Homo sapiens in Bezug auf den Umgang mit der Vielfalt, die zu Terror, Krieg, Gewalt und vielem mehr führt, eben zu Terror sapiens. Geschlossene logische Systeme sind in der Lage, Menschen auf dramatische Weise umzupolen: vom Durchschnittsbürger zum Besessenen, bis hin zum Blutrausch-Täter.

Zahlreiche ganz konkrete Beispiele verdeutlichen dieses Prinzip: Verhältnis Mensch-Tier, Fußball, Nationalsozialismus, NATO-Osterweiterung, Ruanda, islamistischer Terror, Terror in Paris, Breivik und andere.

Terror sapiens III

Spirituelle Intelligenz

Im Rahmen der Schriftenreihe Globale Intelligenz spielt der Band „Terror sapiens III – Spirituelle Intelligenz" eine zentrale Rolle.

Das grundlegende Verständnis für das Prinzip der Vielfalt, für das fruchtbringende, dynamisch harmonische Miteinander von Unterschieden und Gegensätzen wurzelt nicht nur in den gemeinsamen Erfahrungen mit Menschen aus vielen verschiedenen Kulturen, sondern vor allem auch in den Kenntnissen spiritueller Zusammenhänge. Das allumfassende „Tao" und seine Elemente „Yin und Yang" verdeutlichen dieses Prinzip am klarsten. Aber auch in allen bekannten Religionen kann die absolute Wahrheit – die höchste Wirklichkeit, der Urgrund, das ewige Weltgesetz, das Nirvana, die belebte Leere, Brahman, Allah, Java, Gott usw. – als nicht beschränkt, als allumfassend und als Inbegriff der allgegenwärtigen Vielfalt, der „Allwirklichkeit", verstanden werden.

Verheerend wird es aber immer dann, wenn die jeweiligen Vertreter und Anhänger einer Religion diese Vielfalt missachten, ihren Glauben als einseitige Weltsicht missbrauchen und sich ausschließlich auf das Trennende konzentrieren. Eine chinesische Weisheit besagt zu Recht: *„Der Kluge sieht das Gemeinsame in den verschiedenen Religionen, der Dummkopf die Unterschiede."* Genau das erzeugt nämlich die scheinbare Unversöhnlichkeit der Verschiedenheit mit all den Folgen: Streit, Ausgrenzung, Unterdrückung, Gewalt, Terror und Krieg. Solange es keine intelligente Befriedung der verschiedenen Religionen gibt, solange kann es keine Befriedung der Menschheit geben. Deshalb ist spirituelle Intelligenz künftig unverzichtbar. Zahlreiche Beispiele verhelfen zu einer neuen, völlig unvoreingenommenen Sicht auf das Wesen von Spiritualität.

Das Ende des Wahnsinns

Globale Intelligenz statt Terror sapiens

Dieser Band ist ein Wegweiser für den Umgang mit dem Wahnsinn des 21. Jahrhunderts. Er bietet als Essenz der Schriftenreihe „Globale Intelligenz" eine Zusammenfassung aller relevanten Schlüsselthemen. Der Leser erhält einen umfassenden, konzentrierten Überblick über die Prinzipien der Vielsichtigkeit und der Globalen Intelligenz und deren fundamentale Bedeutung für die zukünftig im Zentrum des gesellschaftlichen Miteinanders stehende Kooperation der Menschen. Es sind zentrale Punkte der Trilogie Terror sapiens in resümierter und aktualisierter Form enthalten, aber auch zahlreiche darüber hinausgehende neue Themen.

Zunächst wird der unfassbare Wahnsinn der Menschen zu Beginn des 21. Jahrhunderts in ganz verschiedenen Bereichen anhand von Fakten verdeutlicht: Von Waffenbesessenheit, Krieg und Terror, über den Skandal des unersättlichen Reichtums Weniger und den daraus resultierenden millionenfachen menschlichen Tragödien, bis hin zum absolut unverantwortlichen Umgang der Menschheit mit ihrer einzigen Heimat Erde.

Damit dieser Wahnsinn überwunden und beendet werden kann ist die Einsicht der Menschen in die gnadenlose Einseitigkeit ihres Denkens und Handelns unverzichtbar. Es gilt die Vielfalt als das Erfolgsprinzip der Natur zu erkennen und dieses Prinzip durch Vielsichtigkeit auf das Wirken der Menschen zu übertragen. Durch Globale Intelligenz lässt sich so der Wahn des Homo sapiens ein für alle Male überwinden.

In den dann folgenden Kapiteln wird das lebensnahe Bild vom Menschen als vielsichtiges, lernendes, empathisches, kommunikatives, kooperatives uns spirituell intelligentes Wesen gezeichnet. Das Prinzip der Goldenen Regel, die globale Kooperationsethik und die Gastgeberkultur (anstelle der unsäglichen deutschen Leitkultur) werden thematisiert. Abgerundet wird „Das Ende des Wahnsinns" durch Antworten auf die Fragen, was der Mensch in den Zeiten der künftigen Vielsichtigkeit tatsächlich braucht, wie er Erziehung im Sinne Globaler Intelligenz konkret gestalten und wie der gemeinsame Weg der Veränderungen zeitnah begonnen werden kann.

Zeitfracht Medien GmbH
Ferdinand-Jühlke-Straße 7
99095 Erfurt, Deutschland
produktsicherheit@kolibri360.de